QUE SAIS-JE ?

L'échec scolaire

FRANCINE BEST
Inspecteur général de l'Éducation nationale

ISBN 2 13 048361 5

Dépôt légal — 1re édition : 1997, juin

INTRODUCTION

Les litotes employées pour désigner et masquer tout à la fois l'échec scolaire ont été et sont encore nombreuses : insuccès scolaire, déficience intellectuelle, déficit d'attention, déscolarisation, élèves en difficulté ou en grande difficulté, redoublants, refus de l'école, élève faible, peu doué..., et la liste n'est sans doute pas close.

Deux interprétations sont possibles : la crainte de stigmatiser des individus ou un groupe social en le déclarant en échec, crainte très juste pour qui veut respecter la personne en l'élève ou les habitudes culturelles des classes sociales populaires ; la peur – beaucoup moins juste – de voir l'école accusée de mettre ou de laisser des enfants en échec.

Cette deuxième interprétation conduit à penser que l'emploi de la litote frôle l'hypocrisie ou couvre l'ignorance. Faire le point, mais non définitif, sur les connaissances actuelles fournies par les sciences sociales et les sciences de l'éducation sur un phénomène qui touche un grand nombre d'élèves et qui, mieux connu aujourd'hui qu'hier, apparaît comme grave, est dès lors nécessaire. La lucidité et la connaissance devraient présider à la préparation des décisions concernant notre système éducatif. Ne pas masquer l'échec scolaire, sans pour autant désigner des responsables ou des boucs émissaires qui n'existent d'ailleurs pas est de première urgence. Ensuite, fort de cette reconnaissance de l'échec qui existe, renforcer ou imaginer des modalités, des stratégies, des politiques de lutte contre cet échec devient affaire de volonté pour les acteurs sociaux de l'école, du ministre de l'Éducation nationale au professeur des écoles, en passant par tous les autres tenants de fonctions éducatives, comme les chefs d'établissement.

Il est quasiment impossible de dire à la fois tout ce qui est su et ce qui n'est pas encore suffisamment connu, notamment l'échec scolaire à l'étranger. En effet la notion d'échec scolaire revêt des sens différents d'un contexte à l'autre. Un échec scolaire dépend en grande partie du système d'enseignement au sein duquel il se produit. D'une part, « le thème de "l'échec" est le produit d'une configuration scolaire et économique singulière ; d'autre part, le sens et les conséquences de l'échec et de la réussite varient historiquement, en fonction du degré d'exigence scolaire atteint globalement par une formation sociale, de l'état du marché de l'emploi qui exige de nouvelles ou de plus grandes qualifications, etc. »[1].

Par ailleurs, le sentiment d'échouer varie d'un élève à l'autre, d'une famille à l'autre ; ce qui est un minimum à atteindre ou une déception pour une famille de cadres supérieurs ou d'enseignants diffère du tout au tout de ce qui est réussite exceptionnelle ou simple résignation pour une famille ouvrière.

Dès lors que l'on tient compte de la différence des contextes institutionnels, les comparaisons entre échec scolaire en France et échec scolaire dans les pays étrangers sont quasiment impossibles. La notion d'échec est multiforme ; selon les pays elle revêt des définitions différentes. L'échec est soit admis soit masqué par les institutions scolaires et les familles. La traduction des termes « échec scolaire » ne va pas de soi. Le Royaume-Uni, la Suède, la Norvège, le Danemark utilisent le concept, surtout psychologique, de *under achieving* qui désigne l'élève ne parvenant pas à réaliser ses possibilités ou capacités individuelles[2].

1. B. Lahire, Des « réussites » scolaires multiformes en milieux populaires, in *Échec et réussite scolaires, de nouvelles questions*, n° 104, *Migrants-formation,* CNDP, mars 1996.

2. F. Vaniscotte, L'échec scolaire en Europe, in *Échec et réussite scolaires.*

La démocratie, y compris à l'école, est un idéal à atteindre pour tous les pays européens, mais les voies pour y parvenir diffèrent. Les idéologies qui entourent l'échec scolaire sont encore plus diverses : elles vont de la dénonciation, permanente, de la baisse de niveau à la mise à l'honneur de la compétition, au prix de l'échec scolaire.

Nous nous contenterons donc, hormis en ce qui a trait aux taux de redoublement en Europe (chap. II), de présenter l'échec scolaire selon les recherches et les études françaises qui portent sur la situation en France.

Autre limite à cet ouvrage : l'empan de l'échec scolaire. Actuellement, on a tendance à confondre tous les niveaux d'enseignement en une même critique globale : de la formule « de l'école maternelle à l'université » qui était, en 1968, un mot d'ordre généreux appelant tous les jeunes Français à de longues études, on en est venu à une confusion extrême, loin des préoccupations de démocratisation. Précisons-le : l'échec des étudiants, à l'université, qui existe bel et bien, n'a rien de commun avec l'échec au cours préparatoire de l'école élémentaire, ou au collège ; ce dernier échec condamne des élèves intelligents soit à sortir du système scolaire sans qualification, soit à aller en apprentissage ou dans des sections préparant à des CAP dévalorisés[1]. En tout cas, l'échec proprement scolaire empêche de poursuivre des études longues et d'entrer à l'université.

C'est déjà par extension que l'on évoque l'échec scolaire pour les élèves âgés de plus de seize ans, qui se trouvent donc hors obligation scolaire. Si l'on parle d'échec scolaire aujourd'hui pour les lycéens, c'est que l'échec au baccalauréat professionnel ou général peut conduire au chômage, autant que le fait de ne pas avoir son brevet, voire son certificat d'études dans les années 1960.

1. CAP : Certificat d'aptitude professionnelle.

Pour toutes ces raisons nous limiterons l'étude de l'échec scolaire à l'école élémentaire, au collège, au lycée sans omettre pour autant le rôle éminent que joue la préscolarisation en école maternelle dans les chances de réussite scolaire ou dans la prévention de l'échec.

On ne s'étonnera pas si le collège, qui constitue, en France, l'école moyenne où se décident les orientations les plus importantes, vers des études longues ou vers des filières courtes dévalorisées, est considéré plus que tout autre degré ou cycle d'enseignement comme le lieu de la visibilité de l'échec. Rappelons que de 1950 à 1965, le taux d'adolescents fréquentant le premier cycle de l'enseignement secondaire est passé de 26 % à 55 % de la population de onze à quinze ans; qu'en 1975 ce taux atteignait 75 %, qu'en 1995 ce sont 2 593 278 élèves qui fréquentent le collège de l'enseignement public, 3 261 592 celui du privé, soit la quasi-totalité des classes d'âge de onze à seize ans.

Enfin, la répartition des élèves, les taux de réussite et d'échec varient d'une région française à l'autre. La géographie de l'éducation apparaît, aujourd'hui, comme aussi nécessaire que l'histoire de l'école ou que la sociologie.

Cependant, malgré les efforts de certains géographes, les raisons de ces différences, qui relèvent avant tout de données économiques et sociales, ne sont pas autant étudiées que la sociologie des établissements du second degré. Nous ne faisons donc que mentionner ici l'existence des fascicules *Géographie de l'école* et des notes d'information émanant de la DEP[1] ainsi que de l'atlas de l'éducation[2].

1. DEP : Direction de l'évaluation et de la prospective du ministère de l'Éducation nationale.

2. R. Hérin, R. Rouault, V. Veschambre, J. Joly, M. Brocard, *Formation et recherche,* coll. « Atlas de France », Éd. La Documentation française, 1996.

PREMIÈRE PARTIE

QU'EST-CE QUE L'ÉCHEC SCOLAIRE ?

Chapitre I

L'ÉCHEC SCOLAIRE : UNE NOTION QUI A UNE BRÈVE HISTOIRE

L'échec scolaire est une notion récente, qui apparaît, sous cette dénomination, en 1950 (V. Isambert-Jamati)[1] mais qui ne sera utilisée que dans les années 1960.

Mais la genèse de cette idée est plus ancienne. C'est autour des concepts d'inadaptation scolaire, d'anormalité, voire de débilité mentale légère que se forge la notion d'échec scolaire. Autrement dit, l'approche du problème est d'abord psychologique. Le constat selon lequel certains élèves au quotient intellectuel dit normal (le rapport âge mental/âge réel serait alors de 90 à 110) ne réussissent pas les exercices scolaires, redou-

1. V. Isambert-Jamati, Quelques rappels de l'émergence de l'échec scolaire comme « problème social » dans les milieux pédagogiques français, in *L'échec scolaire,* actes du colloque franco-suisse, janvier 1984, coordonné par É. Plaisance, Éd. du CNRS, 1985, chap. repris dans *Migrants-formation,* n° 104, Éd. CNDP, mars 1996.

blent telle ou telle classe et prennent du retard par rapport à un cursus scolaire très balisé (un an, un niveau), qui constitue la norme, alerte psychologues, pédagogues, sociologues.

1. N'y avait-il pas échec scolaire avant 1950 ? Bien sûr, des « mauvais élèves » existaient... et ils n'étaient pas présentés comme candidats au Certificat d'études primaires. Mais ce fait était « normal » dans une société où la production agricole et industrielle n'avait pas besoin de lettrés, où une culture orale très vivante persistait. Il n'y a pas eu d'âge d'or de la réussite scolaire... « Tout se passe comme si une école pourtant officiellement chargée de donner à tous les enfants un bagage minimum – le niveau du certificat d'études – s'était longtemps assez facilement résignée à ne le donner qu'à une fraction des enfants d'ouvriers et de paysans (à peine 50 % de la population) ; du moment qu'ils étaient à peu près alphabétisés, il n'y avait pas de scandale à les voir entrer ainsi au travail. »[1]

Conscients de cette injustice, les membres de la célèbre commission Langevin-Wallon prônent, pour que les études longues ne soient plus l'apanage des « bien nés » socialement et économiquement, une adéquation entre les *aptitudes* de chaque élève et les structures scolaires.

Mais en 1946 il s'agit davantage de démocratiser et d'augmenter la fréquentation scolaire que d'assurer la réussite scolaire de tous. La notion d'aptitude sera vite transformée en une acception non scientifique, non informée par la psychologie : on parlera alors de « don pour les études », d'élèves « doués », « non doués », voire « surdoués ».

L'idéologie des dons persiste encore aujourd'hui, malgré les analyses sociologiques qui la critiquent dès

1. *Ibid.*

les années 1960, qui la condamnent en mettant au jour les ressorts de l'échec scolaire. Les partisans de filières ségrégantes se réfèrent plus ou moins à cette idéologie des dons.

Parallèlement à l'élaboration du plan Langevin-Wallon, l'INED[1] fait paraître en 1950 les résultats d'une enquête, dirigée par A. Girard, sur la population scolaire. L'un des paragraphes de ce rapport est intitulé « Échec scolaire parmi les sujets les mieux classés aux tests ». Malgré cela, on traite ce problème comme un objet d'étude de cas : ce sont des élèves « aptes » mais qui échouent aux examens qui ont conduit à parler d'échec scolaire, à se poser la question : qui est inadapté ? L'enfant à l'école ? L'école à l'enfant ? Ces questions, toujours reprises, ont formé le socle de la question de l'échec scolaire.

En 1949, c'est Roger Gal, créateur du service de recherche de l'Institut pédagogique national, devenu INRP, qui évoque, dans les *Cahiers pédagogiques,* l'inégalité sociale devant l'école.

Parlant des examens d'entrée dans le second degré (la sixième d'alors où l'on était admis sur concours), il remarque que les enfants d'ouvriers et d'agriculteurs, même s'ils se présentaient, n'étaient pas reçus, car, dit-il, « nous savons par expérience combien le développement de l'enfant dépend de la situation matérielle et morale du milieu et nous constatons l'effet d'un milieu cultivé, où l'on parle bien, sur son langage et ses intérêts ».

Le milieu social est donc déjà désigné comme facteur d'inégalité scolaire.

C'est avec les thèses de P. Bourdieu et J.-C. Passeron[2]

1. INED : Institut national d'études démographiques.

2. *Les héritiers, les étudiants et la culture,* Éd. de Minuit, 1964. L'école conservatrice, les inégalités devant l'école et devant la culture, *Revue française de sociologie,* t. 7, Éd. CNRS, 1966.

qui dévoilent et interprètent surtout au niveau universitaire les mécanismes de sélection, de réussite ou d'échec aux examens, que prend consistance la notion d'échec scolaire. Depuis lors, elle est très largement utilisée par les acteurs sociaux qui s'intéressent au devenir du système scolaire et à sa démocratisation. Précisons que les sociologues utilisent très peu ce terme, trop général, trop englobant, qui n'est pas, encore aujourd'hui, devenu un concept scientifiquement opératoire. Il s'agit d'un « vocable du langage commun » (V. Isambert-Jamati) que les chercheurs ne peuvent prendre comme un « tout donné », d'autant que l'institution scolaire elle-même ne définit pas strictement – au reste, serait-ce possible ? – l'échec qui se joue et se forge à l'intérieur de ses rouages.

« C'est seulement à condition de s'arracher [...] à l'illusion de la neutralité et de l'indépendance du système scolaire par rapport au système des classes sociales que l'on peut en venir à interroger l'interrogation sur l'examen [...]. »[1] Sur cet exemple de l'examen, on voit que l'institution scolaire elle-même méconnaît ou veut méconnaître les aspects sociaux et les analyses sociologiques de l'échec scolaire. Ces remarques faites, A. Girard écrit, en 1967 : « L'inégalité des chances de réussite selon les origines sociales et culturelles est un fait aujourd'hui solidement établi. Autre chose est de le reconnaître, et de le mesurer dans toutes ses dimensions, autre chose d'en donner une interprétation et de suggérer des remèdes. »[2]

A partir de ces travaux sociologiques et au cours d'une période brève (1966-1971), un nouvel avatar de vocabulaire, semblable à celui qui s'était produit pour la notion d'aptitude, va survenir : en mélangeant les

1. In *Revue française de sociologie,* numéro spécial 1967-1968 consacré à la sociologie de l'éducation, Éd. CNRS, p. 227, art. « L'examen d'une illusion ».

2. In *Revue française de sociologie,* numéro spécial 1967-1968 consacré à la sociologie de l'éducation, Éd. CNRS, p. 14, introduction.

concepts venus du milieu de « l'enfance inadaptée » et les analyses sociologiques précitées, l'échec scolaire est alors considéré comme un *handicap socioculturel.* Les milieux sociaux populaires sont taxés de déficit culturel, engendrant un nouveau type de handicap chez leurs enfants. Le milieu social défavorisé souffre d'un mal endémique, le manque de « culture cultivée » qui semble irrémédiable. A moins de faire des écoles spéciales pour ce nouveau genre d'inadaptation (!), on ne voit pas comment on pourrait porter remède à ce soi-disant handicap. Du fatalisme psychologique on passe à un fatalisme sociologique qui ôte toute chance et tout pouvoir à l'école et aux enseignants de faire régresser l'échec scolaire.

Aussi est-ce sur deux plans à la fois que le Groupe français d'éducation nouvelle s'attaque aux errements de la notion d'échec scolaire : celui de l'idéologie des dons ; celui du handicap socioculturel. Le congrès de 1971 de ce mouvement pédagogique marque un tournant dans la manière de poser le problème de l'échec scolaire.

En 1972, É. Plaisance met en évidence les dérives subies jusqu'alors par la notion d'échec scolaire. « C'est en termes d'inadaptation inhérente à l'enfant, en termes de dysfonctionnement individuel que l'on a pris l'habitude de traduire et d'interpréter les phénomènes d'échec scolaire. »[1]

Cette pathologisation de l'échec, outre qu'elle conduit à participer à l'idéologie des dons (on naît doué ou non doué pour l'école) conduit à « l'extension du modèle du "cas pathologique" et de la mésutilisation de la notion de débilité mentale et de sa mesure, le QI »[2]. Or « on ne peut plus faire comme si les insuffi-

1. É. Plaisance, in *De l'interprétation des échecs scolaires. L'échec scolaire, doué ou non doué ?,* GFEN, Éd. Sociales, 1974.
2. QI : Quotient intellectuel. Voir plus haut.

sances intellectuelles relevaient toutes du modèle de la débilité mentale [...] Dans l'état actuel de nos connaissances, tout porte à croire que les grandes catégories d'enfants inadaptés qui sont classiquement distinguées [...] ne peuvent plus rendre compte valablement de la réalité des échecs scolaires »[1].

Quant à l'utilisation des termes « handicaps sociaux, handicaps socioculturels », ils suggèrent une assimilation entre handicaps (moteurs, sensori-moteurs, etc.) et forme de culture. Cette assimilation dévalorise certains milieux sociaux en les tenant comme inférieurs ou de moindre valeur. « Bref, on risque à nouveau et, malgré les apparences, d'occulter les données sociologiques réelles, de masquer le problème des classes sociales, puisqu'on revient de manière sournoise à des conceptions qui mettent en valeur des "déviances" individuelles. »[2]

A partir de ces critiques des dérives qu'a connues la notion d'échec scolaire, en les prenant en compte, sociologues comme pédagogues s'interrogent alors sur les continuités ou sur les ruptures entre la culture valorisée par l'école et celle que vivent les enfants dans leur famille. Mais là encore, le risque est grand d'omettre le rôle de l'école, et de s'intéresser exclusivement aux variables marquant les milieux familiaux. Éric Plaisance prévient : « Il paraît très contestable d'isoler le problème de l'échec scolaire et celui du fonctionnement actuel de l'école qui, en recevant "également" tous les enfants, propose des normes [...] dont s'accommodent fort bien les enfants des milieux sociaux aisés et qui met en difficulté les enfants qui, par leur appartenance sociale, ne participent pas d'emblée aux préoccupations, aux exigences, au langage scolaires. C'est donc

1. Voir n. 1, p. 11.
2. *Op. cit.*, p. 66.

la question de l'école et de sa fonction sociale qui est soulevée... »[1]

C'est bien ainsi qu'à partir de 1975, l'urgence de la démocratisation du collège unique aidant, sera comprise et travaillée la problématique de l'échec scolaire. Du côté des sciences de l'éducation, P. Perrenoud (Genève), B. Charlot et son équipe, P. Meirieu, L. Legrand, le CRESAS-INRP ouvrent et réouvrent des champs de recherche concernant l'école même et son fonctionnement. Du côté de la sociologie de l'éducation, en relation avec l'exigence de construire une ethnologie de l'école qui analyse des situations où se rencontre et où se produit l'échec scolaire, de nombreux travaux (J.-L. Derouet, A. Henriot Van Zanten, M. Duru-Bellat, A. Mingat, leur nombre empêche de les citer tous) ne cessent d'élucider, d'analyser les facteurs sociaux, le rôle des acteurs à l'intérieur même du système scolaire.

2. L'échec scolaire n'existe pas en soi ; la notion varie selon le moment socio-historique où elle est considérée, selon les attentes de la société à l'égard de l'école et de l'école elle-même à l'égard des élèves, si bien que cette notion est loin d'être stabilisée. Seules des définitions complexes et approchées peuvent être proposées (voir chap. II). Actuellement encore, on peut entendre par « échec scolaire » plusieurs phénomènes fréquemment amalgamés.

Six types de problèmes différents, qui correspondent à des approches différentes de la problématique d'ensemble, coexistent, selon G. et E. Chauveau, dans la conception de l'échec scolaire :

« *a*) les difficultés d'adaptation à la structure scolaire. L'accent est mis sur les perturbations comportementales et relationnelles de certains élèves », ce qui

1. É. Plaisance, *op. cit.*, p. 68.

peut conduire ces derniers à diverses formes d'exclusion, voire d'auto-exclusion ;

« *b)* les difficultés d'apprentissage. L'accent est mis sur les problèmes cognitifs et le manque de compétences. Dans ce cas, on insistera, par exemple, sur les insuccès dans les savoirs de base (lire, écrire, calculer) observables dès le cours préparatoire ;

« *c)* les procédures d'élimination ou de relégation. L'accent est mis sur les orientations négatives : redoublement, placement dans une structure ou une filière dévalorisée ;

« *d)* les difficultés de passage d'un cycle à l'autre. L'accent est mis sur le non-accès au lycée ou à l'enseignement supérieur ;

« *e)* l'insuffisance ou l'absence de certification scolaire. L'accent est mis sur l'évaluation ou la sanction d'études (examen, diplômes) ;

« *f)* les difficultés d'insertion professionnelle et sociale. L'accent est mis sur la sortie du système scolaire et l'entrée dans le monde du travail. »[1]

En réalité, la plupart des recherches et des études portent sur les problèmes *b, c, d.* Il est impossible de briser la chaîne qui relie les procédures de relégation aux difficultés d'apprentissage et à l'évaluation des savoirs. Aussi toutes les approches et méthodes diverses de la sociologie, mais aussi de la psychologie, de l'histoire sont-elles requises pour que la prévention et la remédiation d'ordre pédagogique soient examinées, expérimentées à la lumière des investigations psychologiques et sociologiques. De plus, se fait jour une nouvelle manière d'interroger l'échec scolaire, en analysant et en classant les parcours individuels des élèves réussissant ou échouant à l'école, en étudiant les *pro-*

1. Gérard Chauveau, Éliane Rogoas-Chauveau, chargés de recherche CRESAS-INRP, L'échec scolaire existe-t-il ?, *in* Échec et réussite scolaires, *Revue Migrants-formation,* n° 104, mars 1996, p. 12.

cessus combinant les facteurs et les critères de l'« échec ». Même si ces nouvelles approches (Charlot, Bautier, Rochex ; M.-A. Hugon ; A. Cohen ; Lahire) mixtent volontairement plusieurs problématiques, elles sont prometteuses parce que complexes comme le phénomène de l'échec scolaire l'est lui-même.

Une politique de lutte contre l'échec scolaire ne peut passer à côté d'une telle complexité. Le terme de « réforme » est bien inexact pour désigner les améliorations patientes qui pourraient être apportées au système éducatif et à sa réelle démocratisation (voir deuxième partie).

Chapitre II

PEUT-ON DÉFINIR L'ÉCHEC SCOLAIRE ?

L'échec scolaire est devenu un phénomène d'une rare complexité, qui se lit et se délimite à plusieurs niveaux.

Depuis les années 1970, il est un objet privilégié de la sociologie de l'éducation. A partir du moment où la notion de quotient intellectuel (le rapport âge mental/âge réel d'un enfant) a subi maintes critiques justifiées, l'approche psychologique et individuelle de l'échec scolaire a reculé, presque jusqu'à disparaître, pour faire place à des approches – diverses et presque toutes pertinentes – de type macrosociologique ou microsociologique. Plus personne, aujourd'hui, n'impute l'échec d'un élève à un « don » inné ou à une absence de don.

C'est pourquoi, en employant de nombreuses litotes, l'administration scolaire parle désormais d'enfants en grande difficulté scolaire, voire en difficulté scolaire simple, pour désigner les élèves qui échouent dans leur cursus scolaire. La notion d'échec scolaire est maintenue pour désigner un phénomène social, avant d'être scolaire. C'est un phénomène « socioscolaire », pourrait-on dire, de grande ampleur, et d'ordre systémique. Le système éducatif dans son ensemble et le sous-système de l'orientation scolaire sont mis en cause par la réalité de l'échec scolaire.

1. D'où vient ce primat de l'approche sociologique ? Dès les années 1960, à l'aube du Plan de rénovation de l'enseignement du Français (dit « Plan Rouchette »), les chercheurs de l'INRP[1], sous la conduite de Louis Legrand, mettaient en évidence que les élèves redoublant une classe ou deux de l'école élémentaire – ils étaient 50 % à cette époque – et peinant à maîtriser la langue française écrite étaient majoritairement des fils et des filles des catégories sociales les plus défavorisées économiquement et culturellement.

Cette corrélation entre échec scolaire et CSP[2] allait sans cesse être présente, découverte et redécouverte, qu'il s'agisse des recherches en didactiques ou de celles qui se déroulèrent, dans les années 1970, dans les collèges expérimentaux, en amont de la création du collège unique (1975).

Parallèlement à cela, les données statistiques fournies par l'INED[3] sur le devenir scolaire, les études sociologiques concernant les étudiants (Bourdieu, Passeron, 1964, 1970) mettaient en évidence le rapport statistique saisissant entre le faible pourcentage d'étudiants issus des CSP les plus basses (ouvriers spécialisés, etc.) et le fort pourcentage d'étudiants faisant un parcours universitaire sans faute qui étaient issus des classes sociales dominantes (cadres supérieurs). L'interprétation de ces statistiques, donnée par ces mêmes sociologues, fut celle de la « reproduction » par l'école, de la classification et des inégalités sociales.

Le mythe d'une école égalisatrice, libératrice était mis à mal. Les théoriciens de la pédagogie prirent en compte ce phénomène sociologique. Mais sociologues

1. INRP : Institut national de recherche pédagogique.

2. CSP : Catégories socioprofessionnelles. On dit encore PCS : Professions-catégories sociales.

3. INED : Institut national d'études démographiques.

comme pédagogues insistèrent, dès 1970, sur la distinction primordiale à faire entre corrélation statistique et cause. L'appartenance à une catégorie sociale défavorisée n'est pas *la cause* de l'échec scolaire. Toutefois une corrélation aussi forte, aussi permanente conduit à considérer l'échec scolaire dans son rapport à la société, aux classes sociales et à ne plus enfermer ce phénomène ni dans la seule école ni, bien entendu, dans des « manques » strictement individuels. Cette corrélation est mise en évidence encore aujourd'hui dans les études statistiques annuelles réalisées par la DEP[1].

Du côté des pédagogues, on a mis en évidence soit un déficit culturel des familles populaires? soit, pour ceux qui réfutent la notion même de handicap, une différence et une distance insurmontables entre culture scolaire et culture familiale des milieux ouvriers, soit, enfin, une déficience de l'institution scolaire (OGBU, 1978). Cette dernière façon de penser l'échec scolaire comme effet de système prévaut aujourd'hui. On ne peut plus, en tout cas, faire comme si l'échec scolaire était imputable aux seuls individus-élèves. Cependant, pour mieux préciser les contours de l'échec scolaire et, puisque le milieu familial est, en quelque sorte, mis en cause, les sociologues vont affiner, complexifier l'objet « échec scolaire » en changeant de niveau d'analyse.

Chercher plus avant des corrélations fines entre des composantes du milieu familial (défini trop globalement par les catégories socioprofessionnelles) débouche sur la considération du niveau de diplôme des parents. On s'aperçoit alors que le niveau d'études atteint par les mères de famille est, lui aussi, lui surtout, en corrélation avec l'échec scolaire. L'écart entre

1. DEP : Direction de l'évaluation et de la prospective du ministère de l'Éducation nationale.

filles et garçons[1], les premières réussissant mieux, du moins en français, et redoublant moins de classes, est mis en lumière. Mais on ne peut pas dire pour autant que toutes les filles sont hors du risque d'échec. Là encore, revient la corrélation la plus forte, celle qui existe – les faits ont la tête dure – entre CSP des parents et signes de l'échec scolaire.

Cependant affirmer, pour autant, que seule la reproduction des classes sociales se joue à l'école, qu'un enfant y entre, y fait des études et en sort semblable à ce qu'il était, « fils de » ou « fille de », c'est faire fi des nombreux élèves qui réussissent, tout en ayant la même origine sociale que ceux qui échouent. C'est aussi faire penser que l'école ne joue aucun rôle positif, qu'elle est neutre, en quelque sorte.

Mettant en doute cette théorie de la reproduction, en sachant néanmoins qu'existe la corrélation massive CSP/réussite ou échec scolaires, des sociologues ont changé de niveau d'analyse, se sont intéressés à l'établissement scolaire, à la classe pour savoir si la façon dont les acteurs sociaux se mobilisent dans un établissement scolaire produit un effet, influe sur la réussite ou sur l'échec, pour mettre en évidence des inégalités entre établissements à composante sociale similaire. Autrement dit, l'établissement scolaire, ses acteurs, produisent un effet sur l'éventualité d'une réussite ou d'un échec. En passant à ce niveau d'analyse – l'établissement scolaire – les sociologues s'écartent d'une vision macrosociologique de l'échec scolaire pour faire œuvre ethnographique. La sociologie de l'éducation, en changeant de niveau d'analyse, transforme la problématique de l'échec scolaire et en complexifie le concept.

Cette nouvelle perspective (Derouet, 1987, 1992;

1. Cf. le n° 110 de la *Revue française de pédagogie* « Filles et garçons devant l'école », notamment M. Duru-Bellat, p. 75 et s.

Duru-Bellat, 1985, 1988) ouvre la voie à des recherches sur une unité d'analyse encore plus réduite : la classe, les effets-classes (Duru-Bellat, Leroy-Audoin, 1990).

Peu à peu, on en est venu à s'intéresser à l'histoire individuelle des élèves, à leur rapport personnel au savoir[1] sans contester pour autant la validité des niveaux d'analyse précédents (rapport entre origine sociale et échec *vs* réussite ; établissement scolaire ; classe). La note de synthèse que réalise P. Bressoux sur les recherches concernant les « effets écoles » et les « effets maîtres » éclaire bien ce processus de complexification croissante de la notion d'échec scolaire[2].

Les études les plus prometteuses, actuellement, sont bien celles qui prennent en compte le rapport au savoir des élèves issus des milieux défavorisés économiquement, ainsi que la possibilité de donner sens à leur présence à l'école. La distance culturelle entre milieu familial et culture dispensée à l'école y est considérée comme l'élément noyau d'une alchimie complexe, où entrent la motivation des parents pour les études de leurs enfants, l'intérêt des élèves eux-mêmes pour l'école, les disciplines enseignées, les rapports entretenus avec les professeurs... toutes ces compositions diversifiées d'éléments non moins divers qui forgent réussite ou échec. « Si l'on veut mieux comprendre l'échec scolaire des enfants de familles populaires, et, plus largement les processus qui, à l'école, produisent de la différenciation scolaire à partir de la différenciation sociale, il nous paraît important de poser sérieusement la question du savoir. »[3]

De plus, cette orientation de recherche ouvre la voie

1. B. Charlot, E. Bautier, J.-Y. Rochex, *École et savoir dans les banlieues... et ailleurs,* 1993, p. 231.
2. *Revue française de pédagogie,* n° 108, p. 91 à 137.
3. B. Charlot *et al., op. cit.,* p. 25.

à la conception de remèdes d'ordre pédagogique et didactique à l'échec scolaire.

Devant la complexité croissante des niveaux d'analyse et des recherches sur l'échec scolaire, il paraît impossible d'en donner une définition intrinsèque ou même d'en cerner des contours achevés.

2. Reste la possibilité de définir l'échec scolaire par les critères qui le posent ou le signalent comme tel.

Ces critères sont purement scolaires : c'est le versant qualifiant l'échec comme celui d'un cursus mal vécu par des élèves, considérés soit collectivement (comme groupe constitué par un nombre d'élèves précis, rapporté à la totalité des effectifs scolaires) soit individuellement, lorsqu'on parle d'élèves en difficulté.

Tout d'abord, c'est le critère de retard scolaire qui vient à l'esprit : le système scolaire est construit de telle sorte qu'à chaque niveau ou classe, à l'école élémentaire comme au collège, correspond un âge dit normal. Tout élève ayant une année, deux années, voire trois de plus que cet âge se trouve en retard scolaire. Ainsi, en lisant le tableau 1 (« l'école élémentaire par âge »), on remarquera facilement qu'en CM2 18,3 % d'élèves ont un an de retard, 2,3 % deux ans et plus de retard. Autrement dit ces élèves sont, dès l'issue de l'école élémentaire, stigmatisés par le retard, signe d'échec scolaire. Ce pourcentage (20,6) correspond aux analyses précises concernant les cursus au collège, que nous reprendrons au chapitre suivant. Notons cependant une évolution favorable depuis 1989, puisque de 27,7 % d'élèves en retard on passe, en 1994-1995, à 20,6.

En fait, ce n'est pas le retard scolaire en lui-même qui est directement signe d'échec, c'est ce qu'il sous-entend : le ou les redoublements de classe.

En effet, lorsqu'un élève prend du retard pour une

Tableau 1. — **Répartition par âge** (en pourcentage) **du CP au CM2 en 1994-1995** (France métropolitaine)

		Public			*Privé*			
		Garçons	*Filles*	*G + F*	*Garçons*	*Filles*	*G + F*	*Total*
CP	5 ans	0,9	1,6	1,2	2,4	3,7	3,0	*1,5*
	6 ans	*90,3*	*92,0*	*91,1*	*90,6*	*91,5*	*91,0*	*91,1*
	7 ans	8,2	6,0	7,2	6,5	4,4	5,5	*6,9*
	8 ans et plus	0,6	0,4	0,5	0,5	0,4	0,5	*0,5*
	Total	100,0	100,0	100,0	100,0	100,0	100,0	*100,0*
CE1	6 ans	1,3	2,0	1,6	2,7	4,2	3,4	*1,9*
	7 ans	*83,1*	*86,0*	*84,5*	*84,9*	*87,7*	*86,3*	*84,7*
	8 ans	14,4	11,1	12,8	11,6	7,6	9,6	*12,4*
	9 ans et plus	1,2	0,9	1,1	0,8	0,5	0,7	*1,0*
	Total	100,0	100,0	100,0	100,0	100,0	100,0	*100,0*
CE2	7 ans	1,7	2,5	2,1	3,2	4,6	3,9	*2,4*
	8 ans	*80,1*	*83,4*	*81,7*	*81,8*	*85,4*	*83,6*	*82,0*
	9 ans	16,4	12,6	14,5	13,6	9,1	11,4	*14,1*
	10 ans et plus	1,8	1,5	1,7	1,4	0,9	1,1	*1,5*
	Total	100,0	100,0	100,0	100,0	100,0	100,0	*100,0*
CM1	8 ans	2,1	3,0	2,6	3,5	5,0	4,2	*2,8*
	9 ans	*77,3*	*81,1*	*79,1*	*78,8*	*83,0*	*80,9*	*79,4*
	10 ans	18,2	14,1	16,2	15,9	10,9	13,5	*15,8*
	11 ans et plus	2,4	1,8	2,1	1,8	1,1	1,4	*2,0*
	Total	100,0	100,0	100,0	100,0	100,0	100,0	*100,0*
CM2	9 ans	2,4	3,3	2,8	3,5	5,0	4,2	*3,1*
	10 ans	*74,0*	*78,3*	*76,1*	*75,2*	*80,4*	*77,7*	*76,3*
	11 ans	21,0	16,4	18,7	19,0	13,2	16,2	*18,3*
	12 ans et plus	2,6	2,0	2,4	2,3	1,4	1,9	*2,3*
	Total	100,0	100,0	100,0	100,0	100,0	100,0	*100,0*

Extrait de *Repères et références statistiques*, DEP, 1995, p. 64.

cause externe (hospitalisation, maladies longues ou répétées) il ne se trouve pas nécessairement en échec. Son cursus se déroule normalement, même si c'est avec retard, jusqu'aux études secondaires longues voire universitaires.

Par contre, le doublement de classe, ou comme on dit communément en France, le redoublement, (terme que nous garderons pour désigner ce phénomène) est, lui, le signal d'alarme qui a une forte valeur prédictive de l'échec scolaire. Tout se passe comme si le redoublement engendrait l'échec.

Nous savons bien que ce n'est là qu'une apparence : les enseignants font redoubler tel ou tel élève parce qu'ils constatent des lacunes dans leurs apprentissages fondamentaux (mathématiques, langue française orale et surtout écrite) chez ces élèves, en pensant que ce redoublement sera fécond, que l'élève pourra se « rattraper », se « remettre en selle », « reprendre un bon départ ». Or dans une grande majorité de cas, ce redémarrage ne se fait pas : un premier redoublement est suivi d'un second à l'école élémentaire, voire d'un troisième au collège et se solde soit par une orientation « négative » en classe de CPPN (classe préprofessionnelle de niveau) ou CPA (classe préparatoire à l'apprentissage), si ce n'est en section d'enseignement spécialisé (SES rattachée au collège), soit par une sortie du système scolaire juste à seize ans et sans diplôme. Dans les meilleurs des cas, une orientation en classe préparant le CAP en trois ans est préconisée. Plus le redoublement est précoce, notamment en cours préparatoire, plus il est le signe d'un risque d'échec. Les redoublements en fin de collège et au lycée peuvent, eux, avoir un impact positif lorsque les élèves comprennent, admettent que c'est « pour leur bien » et qu'il s'agit d'une chance de « repartir du bon pied ».

Chez les élèves de l'école élémentaire, ce sentiment ne peut exister, tant et si bien que nous étudierons plus loin la signification spécifique du redoublement du cours préparatoire, première année de l'école élémentaire.

Les orientations en éducation spécialisée, les sorties sans diplôme du système éducatif sont non pas un signal de l'échec scolaire mais la résultante de cet échec, qui constitue un second *critère* de l'échec du système à réparer les inégalités sociales de départ, à apporter un ou des remèdes aux difficultés scolaires des élèves qui sont exclus du cursus « normal », ou encore qui s'excluent eux-mêmes. Ces derniers sont qualifiés selon les recherches relevant de l'anthropologie ou de l'ethnométhodologie de « transfuges » (Terrail, 1984), de « décrocheurs » (Van Haecht et Baugard, 1993).

Ces jeunes qui refusent l'école ou qui refusent d'apprendre sont conscients de leur relégation dans des voies sans issue socioprofessionnelle qui leur convienne. « Le jeune en décrochage n'est pas dupe, il connaît tous les rouages de l'école. Par conséquent, grâce à d'autres modes d'organisation et de pensée, il "survit", il "s'en tire" de manière tout à fait satisfaisante pour lui... car il a une conscience aiguë de sa relégation dans le système scolaire. »[1]

L'élève, dans une telle perspective, est considéré comme un acteur social à part entière, avec ses choix et ses stratégies propres. Ce sont surtout les lycéens, mais aussi les élèves de troisième des collèges qui offrent les caractéristiques de refus de l'école et de la culture scolaire. Les modes de survie dont parle R. Sirota peuvent aller de l'absentéisme à la violence, en passant par l'indiscipline fréquente, la négation des règles de la vie scolaire de tel ou tel établissement, le refus du travail personnel, etc. Le rapport établi par A. Prost (Les

1. Régine Sirota *in* Le métier d'élève, *Revue française de pédagogie*, n° 104, p. 98.

lycéens et leurs études, *Documentation française*) en 1981 décelait chez les lycéens ces nouvelles stratégies montrant une nette séparation entre le souci d'efficacité (« avoir le baccalauréat ») et l'intérêt intellectuel et personnel pour les études. Cependant, « transfuges » et « décrocheurs » ne forment pas la majorité des élèves affectés par l'échec scolaire, et ce phénomène ne peut rendre compte de l'aspect systémique de l'échec scolaire alors que le déterminant (ou critère) *redoublement(s)* affecte, peut-on dire, l'efficacité ou la non-efficacité du système scolaire tout entier.

Si l'on ajoute au « phénomène redoublement » les sorties sans qualification du système scolaire (dites de niveau VI et V *bis*), on obtient une configuration de l'échec scolaire assez précise.

En 1993, ce sont encore 64 300 élèves, soit 8,4 % d'une classe d'âge, qui se trouvent dans cette situation, où l'échec scande la fin de la scolarité et prédit presque à coup sûr échec social et chômage. Même si les effectifs de ces élèves sont très variables d'une académie à l'autre, même si ces sorties sans qualification sont moins nombreuses qu'en 1981 où elles affectaient 101 000 élèves, soit 12,6 % de la classe d'âge considérée, il s'agit là d'un véritable critère de l'échec scolaire[1]. Seule une analyse des trajectoires personnelles de ces élèves permettrait de saisir le poids des « transfuges » ou des « décrocheurs » dans cette population.

Le troisième élément pour critérier l'échec scolaire est fourni par les évaluations nationales qui, chaque année, indiquent le niveau de connaissance atteint en français et en mathématiques par *tous* les élèves, en début de cours élémentaire deuxième année (CE2) et en début de classe de sixième au collège.

Cet instrument, initié en 1989, est construit pour que les enseignants ajustent leurs méthodes aux diffi-

1. Source DEP, *Repères et références statistiques,* éditions 1988 et 1995.

cultés des élèves et pratiquent la différenciation pédagogique. Il peut donner par ailleurs, mieux que tout autre outil, des indications précises et sûres sur l'échec scolaire considéré soit dans la France entière, soit par académie, soit par département, soit par école.

Notons que le moment où interviennent ces évaluations, en fin d'un cycle et au début d'un autre, est capital pour mieux cerner à la fois les acquisitions scolaires accomplies et ce qui est à revoir, à renforcer, à acquérir, mais aussi pour que ces indicateurs de l'échec et de la réussite ne soient pas biaisés en se trouvant au milieu d'une période d'apprentissage (en fin de cours préparatoire par exemple). Ces évaluations nationales – *tous* les élèves entrant au CE2 et en sixième – fournissent des données précieuses sur l'efficacité du système éducatif et, « en creux », pourrait-on dire, sur la dimension de l'échec scolaire. Voici un exemple de ces informations recueillies en 1995 : le score moyen global obtenu en 1995 à l'évaluation nationale à *l'entrée du CE2* en français est de 56,5 sur l'ensemble des 86 items proposés, soit 65,7 % de réussite (62,0 en 1994). En mathématiques ce score moyen global est de 42,5 sur 64 items, soit 66,4 % de réussite (60,7 en 1994).

A l'entrée en sixième le score global de réussite en français est de 66,4 %. En moyenne deux tiers des items sont réussis. En mathématiques le score moyen obtenu est de 63,4 % c'est-à-dire que l'ensemble des élèves répond correctement à presque deux tiers des items proposés.

Là encore, comme pour les redoublements, les disparités entre élèves selon leur origine sociale sont patentes. Ce critère de l'échec scolaire (réussite ou non aux évaluations) renvoie à la corrélation globale entre catégories socioprofessionnelles des parents et réussite/échec (voir graphique 1).

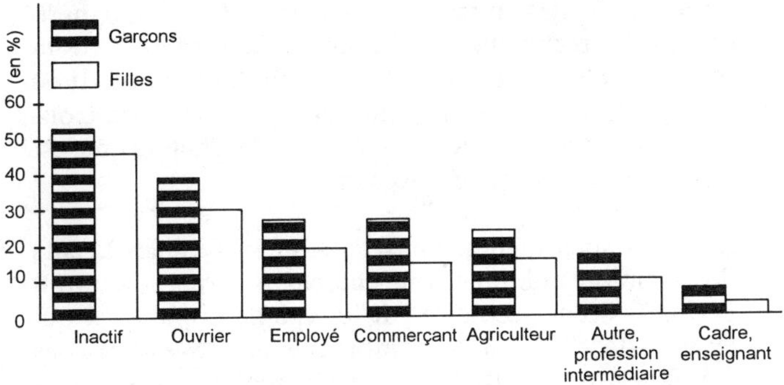

Extrait de *Éducation et formations,* n° 36, p. 11, art. de J.-P. Caille : « Les élèves en difficulté au début de la scolarité au collège ».

Graphique 1. — Pourcentage d'élèves en difficulté deux ans après l'entrée au collège

En fin de compte, on peut cerner et définir *globalement* l'échec scolaire à l'aide des trois critères qui viennent d'être présentés : retard dû aux redoublements ; sortie du système scolaire sans qualification ; résultats obtenus aux évaluations CE2/sixième.

Mais il s'agit d'une définition globale qui, même si elle révèle la trop régulière corrélation CSP/réussite ou échec, ne permet pas d'appréhender les causes de l'échec scolaire. Une corrélation entre variables, si forte soit-elle, n'est pas une cause. Il faut cesser de chercher les responsabilités devant l'échec scolaire (elles sont trop nombreuses, trop complexes) pour définir ce dernier.

Pour dénouer cet emmêlement d'événements, d'affects, de comportements qui peuvent être des sources d'échec scolaire, il est nécessaire de se référer aux histoires individuelles des élèves, à la trajectoire de chacun, aux processus interactifs qui transforment les différences sociales en inégalités scolaires. Ce travail méticuleux de recherche est entrepris aujourd'hui par la microsociologie ou la sociologie ethnographique. Il ne faut pas avoir l'illusion, toutefois, qu'un jour on trouvera le ressort de l'échec scolaire. Ce phénomène est trop complexe et trop fluctuant.

3. Les sociologues, mais aussi et surtout les agents de l'opinion publique, ont cherché à cerner – sinon à définir – l'échec scolaire par le type de population qui en est affecté. Ainsi de nombreuses tentatives ont-elles été faites pour attribuer l'échec scolaire aux élèves étrangers ou issus de l'immigration.

Qu'en est-il réellement ?

On perçoit couramment la proportion de jeunes étrangers dans une classe comme l'indice d'une situation scolaire potentiellement difficile. Or diverses études (Bellat et Leroy-Audouin, 1990 ; Mingat et Richard, 1991) démontrent qu'il n'en est rien, du moins dans le premier degré. En langue française, certes, existe un effet négatif de cette appartenance mais il reste quantitativement très faible. La recherche réalisée par Grisay (1993) met en évidence que, toutes choses égales par ailleurs (catégorie socioprofessionnelle, acquis initiaux), les élèves de nationalité étrangère ont un profil d'évolution plutôt positif. « Ni en français ni en mathématiques on ne détecte de différence significative selon la nationalité. »[1]

Encore faut-il, dans l'appréciation d'un soi-disant handicap culturel des enfants étrangers ou issus de l'immigration, prendre en compte toutes les variables autres (origine socioprofessionnelle, diplôme des parents, notamment de la mère, taille de la famille, préscolarisation, etc.) que la caractéristique « enfant

1. Cf. L.-A. Vallet, J.-P. Caille, *Éducation et formations*, n° 67, DEP, avril 1996.

d'immigré ». C'est ce que font L.-A. Vallet et J.-P. Caille *(op. cit.)* auquel nous empruntons les constats suivants : lors de l'évaluation nationale, à l'entrée en sixième, la distance entre les élèves étrangers et leurs condisciples français est plus faible que d'autres écarts, associés aux mêmes variables : écart entre les enfants d'ouvriers qualifiés et ceux de cadres, écart entre les élèves dont la mère est titulaire du certificat d'études primaires seulement et ceux dont la mère est bachelière, écart entre enfants ayant quatre, cinq, six frères et sœurs et ceux qui n'en ont qu'un. « La pertinence propre des variables d'appartenance à la population étrangère ou issue de l'immigration s'avère donc limitée. »[1]

Il est nécessaire, pour cerner un échec scolaire qui serait dû au fait d'être étranger ou issu de l'immigration, de tenir compte d'autres facteurs comme l'ancienneté des parents en France, la naissance hors de France, la durée de présence à l'étranger. Tout cela analysé, étudié, ce sont ces derniers paramètres qui mettent les élèves issus de l'immigration en *risque* d'échec et non le fait brut d'être immigré. Cette notion de risque, très employée par les chercheurs et les responsables de l'éducation aux États-Unis et en Grande-Bretagne, a l'avantage de dessiner les contours seulement probables de l'échec scolaire, et donc de donner la possibilité de prévenir ces risques, d'aider les « élèves à risque d'échec ». Il est regrettable qu'en France les responsables de l'Éducation nationale se refusent à utiliser cette notion, très utilisée internationalement. Bref, les enfants étrangers ou issus de l'immigration ne forment pas *la* population de l'échec scolaire, engendrent encore moins l'échec dans les établissements dans lesquels ils sont nombreux.

« Par leurs conditions objectives de vie, c'est-à-dire

1. *Op. cit.*, p. 77.

les caractéristiques de leur milieu familial et social, les ressources qu'ils peuvent trouver dans celui-ci, les enfants étrangers ou issus de l'immigration comptent parmi ceux qui encourent *les risques* les plus grands de difficultés ou d'échec scolaires, mais, au sein même de ces populations défavorisées, ils sont aussi inscrits dans une trajectoire scolaire plus positive que celle des autres élèves. »[1]

De son côté, analysant les résultats des élèves en fin de cours préparatoire, A. Mingat observe que « sur les 10,2 points de différence entre enfants français et enfants étrangers nés en France, seulement 3,5 points sont imputables à la nationalité en elle-même, les 6,7 points de différence tenant à la structure des autres caractéristiques sociales (profession des parents, taille de la famille, etc.) des deux populations. Quant aux enfants étrangers nés à l'étranger, ils réalisent, au CP, des acquisitions scolaires meilleures que celles des enfants français de même catégorie sociale (+ 5,4 points) »[2].

On l'aura compris, l'opinion qui veut que la population des enfants étrangers ou issus de l'immigration soit systématiquement en échec scolaire est complètement fausse. Par ailleurs, l'hétérogénéité des classes, en matière de nationalité, n'est pas non plus un facteur d'échec. Il est donc vain de tenter de définir l'échec scolaire par la totalité d'une population précisément désignée.

Le fait d'analyser les distances, les écarts entre la population des élèves étrangers ou issus de l'immigration et leurs condisciples français a conduit les chercheurs à multiplier les variables explicatives de la corrélation globale CSP des parents/échec ou réussite. En

1. *Op. cit.*, p. 144.
2. A. Mingat *in* art. Expliquer la variété des acquisitions au cours préparatoire : les rôles de l'enfant, la famille et l'école, *Revue française de pédagogie*, n° 95, 1991, p. 55.

cela, ces études permettent de mieux distinguer les facteurs d'échec ou de réussite scolaires, de mieux les prendre en considération ; il s'agit :

— de la profession catégorie sociale du chef de famille (dite CSP ou PCS) ;
— de l'activité du père ;
— du diplôme du père ;
— du diplôme de la mère ;
— de l'activité de la mère ;
— du sexe ;
— de la taille de la famille ;
— du rang dans la fratrie ;
— de la présence d'un frère ou d'une sœur au lycée ou dans l'enseignement supérieur ;
— de la structure familiale.

Ces dix caractéristiques sont de type sociodémographique. Il convient de leur ajouter, pour tenir compte des trajectoires des élèves, de deux caractéristiques scolaires :

— durée de fréquentation de l'école maternelle ;
— nombre de niveaux redoublés à l'école élémentaire.

Nous avons déja mis en relief, pour définir l'échec scolaire, les redoublements à l'école élémentaire. Mais il est nécessaire, pour évaluer les risques d'échec et non plus l'échec lui-même, d'aborder la *question de la préscolarité*. Les difficultés que rencontrent les élèves étrangers arrivant en France seulement à l'âge de l'école élémentaire (six ans et plus), voire à l'âge du collège, viennent en grande partie du fait qu'ils n'ont pas pu, dans la presque totalité des cas, fréquenter une école maternelle ou une classe enfantine.

4. On le sait, depuis le début des années 1970, les effets d'une *préscolarisation* de durée suffisante sur les chances de réussite ou sur les risques d'échec scolaire

sont patents. Une présence effective d'au moins trois ans en école maternelle ou en section enfantine favorise l'adaptation de l'enfant à l'école élémentaire et l'aide à accéder aux apprentissages fondamentaux. « Une longue préscolarisation accroît les chances de connaître ultérieurement une scolarité "sans faute". Cet effet n'est pas négligeable puisque son ampleur excède celle de la différence entre sexes, qu'elle avoisine celle qui est observée pour le diplôme du père ou la taille de la famille... soit les garçons, aînés de familles de deux enfants où le père, ouvrier qualifié et la mère, inactive, sont titulaires du CAP, du BEP ou du BEPC. La probabilité qu'ils ne connaissent pas le redoublement durant leurs études primaires s'élève à 77,4 % s'ils ont fréquenté l'école maternelle pendant trois années au moins. » « ... Pour les enfants venant des pays étrangers deux caractéristiques – naissance et scolarité hors de France – les empêchant », notamment de bénéficier d'une préscolarité, « accroissent le risque d'une scolarité primaire heurtée ». Ces deux caractéristiques sont bien plus importantes que d'être de nationalité étrangère ou que d'utiliser, en famille, une langue autre que le français[1].

Lors de l'évaluation en début de sixième, les performances portent la marque du bénéfice qu'apporte une longue préscolarisation : « Toutes choses égales par ailleurs, 3 points en français, 2,3 points en mathématiques séparent les enfants qui ont passé au moins trois années à l'école maternelle de ceux qui ne l'ont pas fréquenté... »[2]

Les nombreuses familles qui manifestent leur confiance en l'école maternelle, puisque d'année en année le taux de scolarisation à ce niveau augmente, savent plus ou moins confusément que l'image de soi

1. L.-A. Vallet, J.-P. Caille, *op. cit.*, p. 65.
2. *Op. cit.*, p. 83.

comme être social et comme élève se construit dès l'âge de trois ans, voire de deux ans. Actuellement 100 % des enfants de quatre et de cinq ans sont scolarisés, 99,6 % des enfants de trois ans le sont aussi. L'importance de la préscolarisation pour l'avenir des élèves a conduit à favoriser systématiquement la scolarisation des enfants de deux ans dans les zones d'éducation prioritaire. En 1994-1995, 35,4 % des enfants de cet âge sont présents à l'école maternelle ou en classe enfantine[1]. Ils n'étaient que 9,9 % en 1960-1961.

Dès 1976, un décret du Premier ministre, dans le cadre d'un programme d'action prioritaire pour assurer l'égalité des chances par l'éducation (ce que l'on pourrait appeler lutte contre l'échec scolaire) déclarait : « L'école maternelle contribue au développement de la personnalité de l'enfant dans toutes ses formes, corporelle, intellectuelle, affective. Elle entraîne l'enfant à l'usage de ses différents moyens d'expression et le prépare à recevoir ensuite la formation donnée par l'école primaire. Elle permet la détection précoce et le traitement pédagogique des handicaps éventuels. Elle favorise ainsi l'égalisation des chances tout au long de la scolarité ultérieure. » Donc, sans vouloir ou sans pouvoir définir l'échec par l'existence ou le manque d'une préscolarité, il est certain que ce facteur a un rôle important dans la genèse de l'échec scolaire, même si la corrélation préscolarisation/échec ou réussite est moins forte que celle qui existe entre origine sociale de la famille et cursus scolaire « normal ». Bref, l'école maternelle, les sections enfantines accroissent les chances d'une scolarité réussie.

5. Si l'on compare la définition de l'échec scolaire à celle qu'en donnent les pays les plus proches de la

1. Sources : *Repères et références statistiques*, Éd. 1995, DEP.

France – ceux de l'Europe des quinze – on constate une forte disparité.

Néanmoins le problème est de grande ampleur pour l'ensemble de la Communauté européenne. L'échec scolaire touche tous les pays. 2 à 3 % de jeunes, qui n'ont aucun déficit mental, sont en échec et 15 à 30 %, ne terminent pas leur scolarité avec un diplôme qualifiant (8 % en Irlande en 1988, 35 % en Grèce, 18 % en France). Il n'existe pas de consensus européen sur la question de l'école moyenne (le collège). Doit-elle être une école unique comme au Danemark, en Suède, en Norvège, en Finlande, à un moindre degré en France ? Doit-on diversifier les filières comme en Allemagne, aux Pays-Bas, au Luxembourg, en Belgique ? Doit-on avoir un tronc commun avec une orientation différée et fractionnée, comme au Royaume-Uni ?

« L'échec scolaire naît, en Europe, du heurt de logiques différentes : scolariser le plus grand nombre d'enfants, le plus longtemps possible ; satisfaire aux nécessités économiques ; sélectionner des élites. »[1]

Quoi qu'il en soit, dans tous les pays d'Europe, le redoublement à l'école élémentaire apparaît comme le signe, le constituant essentiel de l'échec scolaire. Le taux de retard scolaire varie de 0 (Danemark et Royaume-Uni) à 20,6 % (France) en fin d'école élémentaire en totalisant les retards pris à tous les niveaux.

Le Danemark et le Royaume-Uni ont pris la décision de ne pas faire redoubler de classe à l'école élémentaire – décision sage s'il en est une, car toutes les recherches et études sur l'échec scolaire et le redoublement, à l'instar de celle de C. Seibel pour la France, concluent à l'inutilité, voire à la nocivité du redoublement[2].

1. F. Vaniscotte, L'échec scolaire en Europe, in *Échec et réussite scolaires*, CNDP, 1996.

2. M. Crahay, *Peut-on lutter contre l'échec scolaire*, Éd. De Boeck-Université, 1996.

« Le caractère nocif du doublement est établi ; il reste à estimer exactement l'ampleur du préjudice causé aux élèves qui le subissent. La revue des recherches anglo-saxonnes conforte cette conclusion. »

Alors pourquoi le système français persévère-t-il dans cette erreur ?

On peut supposer que les enseignants français, tout comme leurs collègues américains (cf. M.-L. Smith, 1990) ou suisses (E. Burdevet, 1994) continuent à croire aux vertus d'un redoublement qui profiterait d'une maturation psychologique et physiologique naturelle et permettrait de remédier à un problème d'apprentissage par la répétition de segments de connaissances ou de savoir-faire.

Pour ces enseignants qui partagent une conception « maturationniste » du développement de l'enfant, le redoublement constitue une seconde chance pour les élèves « lents » ou « essoufflés ». C'est là une illusion, mais elle perdure. Donc, malgré les conclusions des scientifiques, les enseignants tiennent à évaluer les acquis des élèves en fin de chaque année (ce qui pourrait être un bien si cette évaluation était seulement formative) et, plus ou moins consciemment, prennent des décisions importantes (faire redoubler un élève) en fonction d'évaluations locales et annuelles. Or une évaluation locale, contrairement aux évaluations nationales que nous avons évoquées plus haut, n'est pas régulée par un ensemble d'épreuves standardisées et prétestées. De plus, c'est bien souvent sans concertation réelle avec les collègues de l'école, ou avec les parents de l'élève concerné que tel enseignant prend cette décision. Un exemple parmi d'autres : la collectivité genevoise a consacré, au cours des vingt dernières années, beaucoup de moyens à la lutte contre l'échec scolaire, contre les redoublements. Diminution du nombre d'élèves par classe, mesures de soutien pédagogique auraient dû entraîner une réduction des redoublements. Or des études statistiques récentes montrent que la régression du redoublement a été partielle et socialement sélective. Les explications données par les enseignants n'expliquent pas ce phénomène décevant. Les idées fausses et les illusions sur les soi-disant bienfaits du redoublement perdurent chez les enseignants et même chez les parents (Hutmacher et Walo, 1993).

Cette responsabilité, très mal encadrée et très peu régulée par les responsables du système éducatif (ministère, corps d'inspection), ne doit pas conduire à accuser les enseignants. Le redoublement est un mal endémique du système lui-même, qui organise l'enseignement par années et non par cycles réels de trois ans, qui restent, pour l'heure, de l'ordre des déclarations d'intentions, inscrites dans la loi d'orientation de 1989 et dans les propositions du « contrat pour l'école ».

Bref, « l'orientation par l'échec ne constitue pas une anomalie, mais au contraire un trait constitutif de notre système scolaire ; celui-ci s'en accommode. Mieux, il en tire parti pour faciliter son propre fonctionnement et peut-être même cesserait-il de fonctionner s'il cessait d'orienter par l'échec, c'est-à-dire s'il perdait le droit et le pouvoir de refuser aux élèves les sections qu'ils demandent » (A. Prost, 1989). Même si A. Prost se place du point de vue des lycéens et des collégiens en fin de parcours, cette observation est juste en ce qu'elle met en avant un rouage implicite, commun au système scolaire et à l'échec : le redoublement, l'orientation par l'échec.

Même si nous ne sommes pas parvenus à définir de manière intrinsèque l'échec scolaire, les critères qui signalent son existence (retard lié au redoublement ; sortie du système sans qualification, mauvais scores aux évaluations nationales et aux examens) en sont aussi les éléments constitutifs et explicatifs.

Ces traits caractérisant l'échec scolaire révèlent aussi

que ce phénomène, alors qu'il est vécu par des individus, reste prioritairement systémique, c'est-à-dire lié au système scolaire tel qu'il est organisé et structuré. Nous retrouvons ici les constats des approches macrosociologiques induites par les travaux de P. Bourdieu, J. Passeron, qui, pour insuffisantes qu'elles soient lorsque l'on veut décrire, dans toutes ses composantes les plus fines, l'échec vécu par tel ou tel, restent le soubassement des analyses tentant de définir l'échec scolaire. Mais c'est plutôt du côté de la sociologie ethnographique, de la microsociologie que nous pourrons découvrir les ressorts d'un amoindrissement, d'un recul de l'échec scolaire.

En effet, « il convient de ne pas projeter sur l'individu, sans médiations, les caractéristiques de son groupe d'appartenance sociale »[1].

Pour aborder ces problèmes individuels, le recours aux analyses des interactions entre acteurs sociaux est nécessaire (J.-L. Derouet, 1987).

Enfin, mieux cerner « le métier d'élève » est la tâche d'avenir pour définir plus précisément l'échec scolaire, les risques d'échec, les remèdes possibles.

1. B. Charlot *et al.*, *op. cit.*

Chapitre III

SITUATION ACTUELLE DE L'ÉCHEC SCOLAIRE

Les signes-critères de l'échec scolaire sont bien présents dans le système éducatif français d'aujourd'hui. Les redoublements, notamment ceux du cours préparatoire qui pèsent sur la totalité du parcours scolaire des élèves, continuent à exister.

Mais leur taux a considérablement baissé depuis le début des années 1970. Cette évolution positive est à prendre en compte. Par ailleurs les orientations en quatrième ou en troisième technologique préprofessionnelle, voire en apprentissage qui, pourtant, en elles-mêmes ne sont pas nécessairement négatives, continuent à être considérées par l'opinion publique, par les élèves et leur famille, comme des échecs.

1. C'est à l'école élémentaire, dès le cours préparatoire, que se noue la « quasi-destinée » de l'échec scolaire. « La majorité des élèves en difficulté au collège ont redoublé dans l'enseignement primaire : 77 % d'entre eux sont parvenus en retard au collège, 53 % avec un an de retard, 24 % avec deux ans. Ces redoublements à l'école primaire n'ont pas permis de surmonter les difficultés en français et en mathématiques. A leur entrée au collège, 33 % ont des difficultés à la fois en français et en mathématiques, 27 % en français seulement, 22 % en mathématiques

seulement, d'après l'évaluation nationale d'entrée en sixième. »[1]

En 1995, 7,4 % des élèves de cours préparatoire ont 7 ans et redoublent cette classe. A première vue, ce pourcentage peut paraître faible. Ce ne l'est pas lorsqu'on sait que la plupart d'entre eux redoubleront une seconde fois à l'école élémentaire et formeront l'essentiel des 10,5 % des élèves de sixième en grande difficulté (Trancart, 1993).

Si l'on pense à l'histoire particulière de chaque enfant de 6 ans qui redouble, l'inquiétude est encore plus forte : comment un enfant de cet âge peut-il être conscient des raisons précises de son redoublement ? Comment peut-il trouver un sens à la classe qu'il redouble puisque, en début d'année, il reprend au départ l'apprentissage de la lecture, souvent avec la même méthode, souvent avec la même institutrice ou le même professeur des écoles ? Comment ne peut-il pas vivre un sentiment de régression, une incompréhension de ce qui lui arrive, qu'il ne rapporte pas à sa propre volonté ? Le redoublement du cours préparatoire n'est jamais utile. Il est souvent nuisible car c'est dans un moment particulièrement important de sa scolarité que l'enfant échoue et vit le sentiment d'échouer qui le poursuivra. Il y a donc là un enjeu d'importance. Une étude de C. Seibel et J. Levasseur réalisée en 1979[2] le démontre : une population d'un peu moins de 2 000 élèves a été soumise à des épreuves, en français et en mathématiques correspondant aux « contenus de formation à l'école élémentaire – cycle préparatoire – » indiqués dans les Instructions officielles de 1977, en juin (fin de cours préparatoire) et en décembre (après un premier trimestre au CE1) de la même année civile. Cinq

1. J.-P. Caille, *Éducation et formations*, n° 36, octobre 1993, DEP, ministère de l'Éducation nationale.

2. Publiée en 1983, *Éducation et formations,* n° 2, Service de l'information de gestion des statistiques, devenu DEP, ministère de l'Éducation nationale.

sous-populations ont été déterminées, à partir des performances à l'épreuve de français de juin : les non-redoublants forts, les non-redoublants moyens, les non-redoublants faibles, les nouveaux redoublants (ceux qui vont redoubler le CP), les anciens redoublants (ceux qui sont en train de redoubler le CP). En juin, il se trouve que les non-redoublants faibles réussissent en moyenne 35,4 items et les nouveaux redoublants 34,3... Donc, peu d'écart. Il est à noter que les décisions de redoublement ou de passage au CE1 sont prises par les enseignants en dehors des résultats de l'enquête. Lors de la deuxième passation des épreuves en décembre, la progression des non-redoublants faibles est alors spectaculaire (+ 17,2 items réussis en français, + 11,7 items en mathématiques) alors que les redoublants « anciens » ou « nouveaux » ne progressent que de 1,8 item réussi de plus. Autrement dit, la décision de redoublement perturbe tant les élèves qu'ils ne progressent pratiquement plus, pendant que leurs condisciples passés en CE1, qui avaient des résultats presque identiques lors de la passation des épreuves en juin font de remarquables progrès. Tout se passe comme si le redoublement du cours préparatoire était non seulement inutile mais dangereux et enclenchait des redoublements ultérieurs.

Par ailleurs, l'influence des enseignantes de cours préparatoire sur les résultats obtenus par leurs élèves, en fin de CP, constitue une possibilité importante de variation, de différence entre les classes.

Le « contexte de classe », dont font partie les caractéristiques personnelles du maître, les pratiques didactiques et pédagogiques mises en œuvre, a un fort impact sur les acquis des élèves en fin de CP. Une part importante de la variance des acquisitions (de l'ordre de 18 %) s'explique par la succession d'évènements et d'actions pédagogiques qui s'est produite pour chaque enfant. « Il apparaît clairement, pour ce qui concerne les progressions des élèves en cours de CP, que les écarts dus à la chance particulière qu'ont eue les enfants d'être confiés à tel maître plutôt qu'à tel autre sont sensiblement plus prononcés que ceux qui résultent des différences liées au milieu familial des enfants. »[1]

Ces remarques nous conduisent à confirmer le rôle déterminant du cours préparatoire eu égard à la réussite ou à l'échec scolaires.

Son redoublement a une forte spécificité parmi l'ensemble des redoublements. Il détient une valeur prédictive de l'échec scolaire : en effet, il est, dans la majorité des cas, suivi d'un ou deux redoublements à l'école élémentaire, d'un redoublement au moins au collège, ce qui conduit les élèves qui le subissent soit à être orientés en section d'éducation spécialisée, soit en section de CAP en trois ans, soit à sortir du système scolaire sans qualification, bref à être plus ou moins des exclus du système.

Il en va de l'apprentissage de la lecture comme de la maîtrise de l'ensemble des activités langagières : c'est le rapport à la langue, écrite surtout, qui est en jeu dans la situation d'échec scolaire. Il s'agit de « prendre en compte le fait que, autant pour "échouer"» que pour "réussir", les élèves mettent en œuvre des conduites, des pratiques langagières particulières à partir de ce qu'ils sont socialement, à partir d'un type particulier de rapport au langage et au monde »[2]. On comprend mieux, dès lors, comment et pourquoi l'apprentissage de la lecture et l'entrée à l'école élémentaire se conjuguent pour faire du cours préparatoire un enjeu majeur dans un destin scolaire.

L'institutionnalisation en 1989 du cycle des appren-

1. A. Mingat, Expliquer la variété des acquisitions au cours préparatoire : les rôles de l'enfant, la famille et l'école, *Revue française de pédagogie*, nº 95, 1991, p. 53.
2. B. Lahire, *Culture écrite et inégalités scolaires*, PUL, 1993, p. 59.

tissages fondamentaux, comprenant la grande section d'école maternelle, le cours préparatoire, le cours élémentaire première année (CE1), devrait améliorer la situation. Mais ce cycle n'est pas encore vraiment en place. Les enseignants responsables du CP continuent à croire qu'à la fin de l'année de CP les élèves doivent savoir lire et que le CE1 est une phase autre de la scolarité. Pourtant, si l'évaluation nationale des acquis des élèves a été située en fin de CE1, au début du CE2, c'est bien pour éviter cette coupure entre le CP et le CE1 qui persiste... et les redoublements du cours préparatoire.

C'est, au reste, à la suite de l'étude précitée (C. Seibel et J.-Levasseur) que la décision de placer l'évaluation des savoir-faire à l'issue du CE1, donc à la fin d'un cycle et non pas d'une année, a été prise au ministère de l'Éducation nationale. On devrait donc empêcher certaines évaluations locales (souvent mal conçues) en fin de CP.

Malheureusement, l'existence du cycle des apprentissages fondamentaux n'a pas été présentée aux enseignants comme un moyen de lutte contre l'échec scolaire global. De plus, ce cycle n'a pas été suffisamment institué, et la liaison, qui devrait être objet de travail particulier, entre le CP et le CE1 n'est pas assurée.

Dans les cas, fort rares, où les cycles des apprentissages fondamentaux ont été réellement mis en place, soit en instituant des classes de CP-CE1 avec le même enseignant sur deux années consécutives, soit en formant de véritables « doublettes » d'enseignants sur le CP et le CE1, qui travaillent en équipe, connaissent bien tous les élèves de leurs classes, aménagent des activités où s'entraident élèves de CP, élèves de CE1, le redoublement du CP s'est affaissé et a tendu vers zéro. Cela ne peut se réaliser qu'au prix d'une ludicité et d'un effort constants de ces maîtres, à condition qu'ils soient soutenus par les conseillers pédagogiques et les inspecteurs de l'Éducation nationale.

Tableau 3. — **Taux de redoublement au CP. Évolution 1970-1986**

	1970-1971	*1975-1976*	*1980-1981*	*1984-1985*	*1985-1986*
Enseignement public	18,6	15,0	13,7	11,4	10,8
Enseignement privé	10,3	9,4	8,5	7,6	7,1
Ensemble	17,6	14,3	13,0	10,8	10,2

Source : *Repères et références statistiques,* DEP, 1987.

Tableau 4. — **Évolution de la proportion d'élèves en retard au CP** ([1]) (France métropolitaine de 1989 à 1995)

1989-1990	*1990-1991*	*1991-1992*	*1992-1993*	*1993-1994*	*1994-1995*
10,8	9,9	8,5	7,1	7,4	7,4

([1]) A quelques unités près, les retards en CP correspondent à des redoublements de cette classe.

Source : *Repères et références statistiques,* DEP, 1995.

Sans accuser l'école élémentaire de tous les maux, accusation moins répandue aujourd'hui qu'hier car les professeurs des collèges ont compris qu'il fallait accueillir tous les élèves, tels qu'ils sont, en classe de sixième, il est patent que c'est à ce niveau que se produit la genèse de l'échec scolaire et que c'est dès ce niveau qu'il doit être combattu.

Cependant, le redoublement du cours préparatoire a notablement régressé puisque, en 1951, R. Zazzo et des psychologues scolaires constataient qu'à Paris à peu près 27 % des enfants redoublaient le cours préparatoire. En 1959, 25 % d'élèves étaient encore dans cette situation et 60 % étaient en retard au CM2.

Malgré ces éminents progrès, les redoublements à l'école élémentaire sont encore trop nombreux (tableaux 3 et 4).

2. Cependant, c'est *au collège* que l'échec apparaît nettement, qu'il devient visible. C'est sans doute pour cette raison (la visibilité) que le collège est considéré, à l'heure actuelle, comme le « maillon faible » du système éducatif. Il est aussi le lieu des orientations décisives.

Lorsqu'il s'agit d'analyser le phénomène global à un niveau précis – le collège – on ne parle plus d'échec scolaire mais d'« élèves en difficulté ». Ce glissement de termes est explicable et normal puisque le paradoxe et la complexité du phénomène social et culturel qu'est l'échec scolaire viennent du croisement des situations sociales et des parcours *individuels* singuliers des élèves.

L'élève en difficulté est « celui qui n'a pas acquis dans le délai prévu les nouvelles connaissances et les nouveaux savoir-faire que l'institution, conformément aux programmes, prévoyait qu'il acquière »[1].

On le voit, la notion de durée, de délai prévus, a une grande importance pour déterminer l'élève en difficulté. D'où, outre les effets psychologiques négatifs qu'il entraîne, l'importance du redoublement et du retard scolaire qu'il génère.

Rappelons que depuis la rentrée scolaire de 1989, une évaluation des acquis de *tous* les élèves en lecture, expression écrite, mathématiques, est réalisée en début de CE2 et en début de sixième. Ces évaluations permettent d'avoir une connaissance suffisamment précise des acquis des élèves, à un niveau donné de scolarité (en classe de sixième, notamment), ce qui permet de mieux définir, de mieux cerner les paramètres actuels de l'échec scolaire, les difficultés rencontrées par les élèves, en français et en mathématiques.

Ainsi trois variables peuvent être utilisées pour défi-

1. V. Isambert-Jamati, Classes sociales et échec scolaire, *L'école et la nation,* 203, novembre 1971, p. 19-27.

nir la population d'élèves en difficulté à leur entrée au collège :

a) l'âge d'entrée en sixième, car une année de retard ou deux signifient un ou deux redoublements à l'école élémentaire, dont on a vu la gravité prédictive ;
b) les scores aux épreuves d'évaluation à l'entrée en sixième en français ;
c) les scores obtenus, lors de cette même évaluation, en mathématiques[1].

Lorsque ces trois handicaps existent, les collégiens sont dits « en grande difficulté ». C'est le cas, en 1990, pour 10,5 % des élèves de sixième. Lorsque deux critères négatifs sur trois apparaissent, ils sont dits « en difficulté ». 14 % d'élèves, en 1990, relevaient de cette définition, ce qui nous amène à un total de 24,5 % (D. Trancart, 1993).

Rappelons que les effectifs de collégiens en 1994-1995 sont de 3 285 419 élèves et que 20 % de cet effectif total représente une population d'environ 357 000 élèves. Ils sont donc en difficulté scolaire. L'échec scolaire revêt une grande ampleur à ce niveau du système scolaire, ne serait-ce que par l'importance du nombre d'élèves touchés par ce phénomène.

A l'issue de deux années de présence au collège au sein d'un échantillon de 27 000 élèves entrés en sixième en 1989, 7 % des élèves cumulent trois caractéristiques :

a) être entré en sixième avec un ou deux ans de retard ;
b) avoir obtenu des résultats traduisant des difficultés en français et en mathématiques aux épreuves d'évaluation d'entrée en sixième ;
c) n'être pas parvenu en classe de quatrième sans redoubler soit la sixième soit la cinquième.

1. P. Verdier, DEP, *Éducation et formations,* n° 36, 1993.

Par ailleurs, 24 % des élèves sont affectés d'au moins deux de ces caractéristiques. Ce qui, en 1993, donnait la proportion de 31 % d'élèves en difficulté après deux années de collège (donc davantage qu'à l'entrée en sixième). On le voit, le collège, au moins dans les deux premières années, ne parvient pas à corriger les effets du retard pris à l'école élémentaire, pas plus que les difficultés en français et en mathématiques rencontrées à ce premier stade de la scolarité obligatoire. Mais le tableau des élèves au collège ne doit pas être noirci : 52 % des élèves ne présentent aucun des trois critères précités.

Par ailleurs, au collège comme à l'école élémentaire, l'évolution est positive : les redoublements ont diminué de 1975 à 1995 (voir tableau 5).

Pendant ces dix dernières années les redoublements des classes de sixième et de cinquième ont diminué. Mais, en 1995 comme en 1993, un entrant en sixième sur quatre ne parvient pas en quatrième à l'issue de ses deux premières années de collège.

Mais interpréter cette évolution reste chose difficile. Les conseils de classe reçoivent des consignes pour éviter au maximum les redoublements. Les parents des élèves peuvent faire appel d'une décision de redoubler, notamment pour la sixième.

Remarquons qu'un redoublement au collège, à partir de la classe de cinquième, peut avoir un sens pour les élèves de cet âge : à 12, 13, 14 ans, un préadolescent, un adolescent peuvent comprendre la décision des professeurs et prendre conscience qu'un redoublement peut, pour eux, être positif. Ils retrouvent rarement un ensemble identique de professeurs, ils ont la possibilité, grâce à un effort de travail méthodique, de se reprendre, de bénéficier des opérations de soutien mises en place dans leur collège. Les redoublements en fin de collège n'ont ni le même poids, ni la même signification qu'à l'école élémentaire, surtout en son début. Ils peuvent avoir un sens positif.

Tableau 5. — **Évolution des taux de redoublement et de passage (public + privé)** (1)
(France métropolitaine)

	Redoublements			
	6e	*5e*	*4e*	*3e*
1975-1976	9,5	6,5	7,0	7,3
1980-1981	10,7	12,1	8,2	9,6
1984-1985	12,0	16,3	9,2	14,0
1985-1986	12,5	16,4	9,4	14,3
1986-1987	11,8	15,9	9,0	15,3
1987-1988	10,9	14,8	8,5	13,9
1988-1989	10,0	13,1	7,5	12,6
1989-1990	8,8	11,3	6,8	10,5
1990-1991	8,6	11,0	6,8	9,6
1991-1992	8,3	10,3	6,4	9,0
1992-1993	8,6	10,3	6,6	9,2
1993-1994	9,5	10,6	7,0	9,8
1994-1995	*10,3*	*11,5*	*7,5*	*10,4*

	Passages			
	6e-5e	*5e-4e*	*4e-3e*	*3e-2e*
1975-1976	87,9	67,8	84,2	53,6
1980-1981	84,2	67,6	85,7	55,3
1984-1985	83,8	65,6	87,0	53,9
1985-1986	83,7	66,0	87,2	54,7
1986-1987	84,6	67,2	88,0	55,8
1987-1988	85,7	68,2	88,9	57,8
1988-1989	87,2	69,6	90,0	59,8
1989-1990	88,8	72,7	90,6	62,5
1990-1991	89,5	73,9	90,7	64,0
1991-1992	90,3	76,3	91,4	64,8
1992-1993	90,5	77,2	90,2	64,4
1993-1994	89,7	76,1	88,6	63,1
1994-1995	*88,7*	*75,1*	*89,3*	*61,8*

(1) Les 4e et 3e technologiques ne sont pas prises en compte dans ce tableau, non plus que les 4e aménagées et les 3e d'insertion.

Les orientations en classe préprofessionnelle de niveau (CPPN) et en classe préparatoire à l'apprentissage ou en formation « certificat d'aptitude professionnelle » en trois ans sont le signe quasi définitif de l'échec.

Malgré tout, les élèves ayant quitté le collège avant la classe de troisième sont passés de 22 % (pour les élèves entrés en sixième en 1980) à 5 % (pour les élèves entrés en sixième en 1989). Les sorties du système scolaire sans diplôme, au cours de cette même période, sont passées de 8 % à 2 %. Là encore le recul de l'échec scolaire est patent.

Il reste que les élèves en difficulté vivent mal le collège et ressentent fortement l'échec qui est leur. Les réactions tantôt de repli sur soi, tantôt de violence sont souvent dues à ce sentiment d'être personnellement en échec. Chacun, chacune n'ont pas conscience que leur cursus ou leur espoir de « s'en sortir » sont en corrélation, statistiquement et collectivement, avec la situation sociale et culturelle de leurs familles.

3. Au collège comme à tous les degrés de l'enseignement, aujourd'hui comme hier, la corrélation entre les difficultés scolaires des élèves et la catégorie sociale à laquelle appartient leur famille apparaît avec netteté.

Les élèves en retard à l'entrée au collège, ceux qui redoublent une fois ou deux sur la durée de ce cycle du second degré font majoritairement partie des classes populaires, dites « défavorisées » économiquement, socialement, culturellement.

Alors que sur 14,6 % d'élèves fils ou filles d'enseignants ou de cadres supérieurs, seulement 4,3 % sont en difficulté, sur 38,1 % dont les parents sont ouvriers, personnels de service, 56,6 se trouvent en situation d'échec. Jouent aussi la variable des diplômes possédés par le père et surtout par la mère, celle de la composition de la famille, les dissociations familiales, le chômage (voir tableau 6).

Il est à noter toutefois que les filles sont moins nombreuses à connaître des difficultés importantes que les garçons. Leur obéissance aux règles scolaires, une certaine forme de docilité devant les usages sociaux sont peut-être des raisons d'une différence réelle. Autre interprétation : la prise de conscience, chez les filles, que des études réussies sont gages d'un emploi et d'un bien-être futurs.

Le constat central est le suivant : « 63 % des élèves en difficulté sont d'origine défavorisée. Un enfant d'ouvrier ou de personnel de service a presque six fois plus de risque d'être en difficulté qu'un enfant de cadre ou d'enseignant. »[1]

4. On pourrait accumuler à l'envi, depuis 1970, chiffres et arguments pour démontrer cette corrélation, maintenant bien connue entre échec scolaire et catégories socioprofessionnelles. Pourtant, cette corrélation ne détient pas la totalité de l'explication de l'échec scolaire et elle ne scelle pas une quelconque fatalité de cet échec. Depuis dix ans, les sociologues (J.-L. Derouet, 1987, M. Duru-Bellat et Mingat, 1988) ont mis à jour des variations d'un collège à l'autre. C'est ce que ces auteurs appellent *l'effet-établissement*.

Introduire l'établissement comme variable explicative dans la problématique de l'inégalité des chances, c'est poser la question : ces chances sont-elles identiques quel que soit le collège ?

Or, à recrutement social équivalent, l'orientation des élèves (à la sortie de troisième, en seconde générale ou en lycée professionnel ; à la sortie de cinquième, en quatrième technologique ou vers un redoublement) n'est pas la même d'un collège à l'autre. Ainsi existe-t-il un

1. J.-P. Caille, in *Éducation et formations*, n° 36, p. 10, DEP, 1993.

Tableau 6. — **Variation du % d'élèves en difficulté selon le niveau de diplôme et les autres caractéristiques de l'élève ou de sa famille**

	Diplôme le plus élevé détenu par la famille			
	Sans diplôme ou CEP	*CAP ou BEP*	*Bacca-lauréat ou plus*	*En-semble*
Sexe :				
garçons	46,0	28,6	7,4	28,0
filles	35,0	16,6	4,2	19,3
Profession du chef de famille :				
agriculteur	27,4	17,5	ns	19,6
commerçant artisan	33,6	23,1	8,0	20,3
cadre ou enseignant	ns	13,9	4,2	6,2
autre profession intermédiaire	29,4	15,5	7,0	14,2
employé bureau commerce	34,0	20,2	8,7	22,2
ouvrier personne de service	42,6	27,8	12,3	35,2
inactif et divers	55,0	29,1	ns	49,7
Taille de la famille :				
1 enfant	38,5	21,8	8,2	22,1
2 enfants	31,0	18,8	5,6	17,0
3 enfants	40,3	23,7	4,9	23,6
4 enfants et plus	48,2	35,2	6,6	39,3
Avec qui vit l'enfant				
son père et sa mère	38,8	21,0	4,7	21,6
sa mère seule	44,6	26,9	7,9	31,1
sa mère séparée et son nouveau conjoint	44,3	30,4	14,1	28,9
Situation du chef de famille face à l'emploi :				
en activité	38,2	22,1	5,4	21,9
sans emploi	53,9	34,3	ns	46,8
Ensemble	40,4	*22,6*	*5,8*	*24,0*

effet-établissement. La sélectivité produite par tel ou tel collège ne se réduit pas à sa composition sociale. Elle est produite, en partie, par les actions, les conduites des acteurs (équipe de direction, personnel éducatif, enseignants). « Les collèges produisent donc, en partie, l'échec scolaire. »[1]

L'effet-établissement tient à la progressive autonomie de l'établissement lui-même et des chefs d'établissement, à celle des acteurs de l'école, du collège, du lycée pris dans leur ensemble. Grâce à des recherches comparatives, en appariant des collèges de même teneur sociodémographique, où l'origine sociale des élèves est sensiblement la même, on a constaté que le nombre de redoublements différait de l'un à l'autre établissement, que des élèves étaient orientés différemment (vers des classes de certificat d'aptitude professionnelle, vers le lycée professionnel, vers la seconde d'enseignement général d'enseignement technique, vers l'apprentissage, etc.). Les politiques d'orientation varient sensiblement d'un établissement à l'autre.

D'autres paramètres influencent les élèves soit dans le sens d'un progrès de leurs résultats, soit dans le sens d'une forte perte de confiance en soi :

- une bonne ou une mauvaise ambiance dans l'établissement,
- une bonne ou une mauvaise gestion du temps de travail,
- le respect ou le non-respect de la discipline dans la vie scolaire (Trancart, 1993).

Malheureusement, il reste difficile de définir ce qu'est une « bonne ambiance » ou le « climat » – d'un établissement – et encore plus difficile d'en mesurer les effets sur l'échec ou la réussite scolaires.

1. O. Cousin, *in* Construction et évaluation de l'effet-établissement : le travail des collèges, *Revue française de pédagogie,* n° 115, 1996, p. 59.

Au reste, cet impact est plus important dans les écoles des États-Unis, de Grande-Bretagne, bref des pays anglo-saxons, que dans les écoles, les collèges, les lycées français. En analysant certaines données d'une enquête internationale (IEA, 1989), des chercheurs (S. Cheerens *et al.*, 1989, 1992) observent que l'effet-établissement varie énormément d'un pays à l'autre (17 pays étudiés) et que la part de variance due aux établissements est de 6 % en France alors qu'elle est de 12 % en Écosse. Rappelons que le choix des programmes, dans les pays anglo-saxons, appartient en grande partie aux établissements qui décident, de plus, de leur mode de gestion alors qu'en France programmes et modalités de gestion administrative et financière restent fortement centralisés et dépendent des décisions du ministère de l'Éducation nationale.

Toutefois, l'effet-établissement existe ; il est un facteur non négligeable de rupture avec une conception rigide et déterministe de la corrélation entre échec scolaire et origine sociale des élèves.

Les collèges efficaces ne sont pas faciles à définir : tous les collèges de centre ville ne le sont pas. On peut trouver en banlieue populaire des collèges où l'ambiance de l'établissement a un effet positif sur les acquisitions des élèves. Toutefois, on peut caractériser un bon climat, produisant des effets positifs sur les progrès des élèves, par quatre dimensions :

1 / Les personnels (enseignants, administration) travaillent en concertation. L'effet « équipe pédagogique » est patent, comme le montrent les études du Centre de recherche et d'études sur l'adaptation scolaire (CRESAS-INRP, 1985).

2 / Élèves et adultes se sentent membres d'une communauté scolaire ayant sa propre originalité. Les projets d'établissement aident à la construction d'une image spécifique de tel ou tel établissement.

3 / Les attentes et les exigences de réussite de tous les élèves sont fortes.

4 / La discipline est clairement définie et les règles de la vie scolaire sont connues de tous et appliquées par tous, adultes comme enfants et adolescents.

Le troisième de ces paramètres est particulièrement important : dans les collèges, les lycées, les écoles élémentaires où enseignants et chefs d'établissement sont fatalistes, où l'échec scolaire est malheureusement accepté comme inévitable, où les élèves et leurs familles (« on ne peut rien en tirer ») sont peu ou prou méprisés, les risques de désenchantement, d'autodénigrement chez les élèves sont grands. Leur motivation pour l'école dépérit et ce facteur, si important pour la réussite scolaire, est quasiment anéanti. Mais, là encore, on trouve de fortes disparités entre d'une part écoles de quartiers à population défavorisée, d'autre part écoles où le recrutement social est moyen ou favorisé. Dans les écoles où le public scolaire est défavorisé, implicitement ou explicitement, les attentes sont moins élevées et on y affiche une moindre confiance dans la réussite future des élèves.

Cependant le climat de l'établissement scolaire et ses effets, pris dans leur globalité, restent difficiles à évaluer. Il faut, pour rendre compte des différences de résultats scolaires, aller jusqu'à la classe. Les progrès réalisés entre le début de la classe de sixième et la fin de cinquième dépendent davantage de la variable-classe que de la variable « établissement ». La variance des résultats des élèves, qu'elle soit due au climat d'établissement ou à la qualité de l'enseignement en classe est, malgré tout, non négligeable (3,7 % en français, 4,4 % en mathématiques, selon M. Duru-Bellat, 1992). Toutes ces considérations montrent que l'effet de la pédagogie choisie et vécue existe bien, que l'échec scolaire ne peut être ni analysé finement ni combattu au seul niveau de la corrélation globale entre catégories socioprofessionnelles des parents et échec/réussite des élèves.

Au reste la sociologie de l'éducation s'oriente de plus en plus vers des études locales montrant que la mobilisation des ressources et des acteurs, au niveau d'un établissement, d'une classe, est un facteur important pour comprendre ce qu'il advient des élèves, de leur réussite ou de leur échec (J. Derouet, INRP ; Mingat et Duru-Bellat, IREDU).

Au niveau de la classe, ce sont les « effets-maîtres » qui jouent un rôle. Parents et élèves ne s'y trompent pas : avec tel professeur, on progresse, on travaille, avec tel autre, non.

Mais ce domaine socioaffectif est difficile à explorer, encore plus à mesurer.

Toujours est-il que ces recherches récentes montrent que tout ne se joue pas dans le milieu familial ; l'école a un impact sur les progrès et les acquis des élèves. Les « effets-maîtres » ont pu être mis en évidence et ces effets sont plus importants encore que les effets-écoles ou que l'effet-établissement.

Cependant il ne faut pas tomber dans l'illusion que si les maîtres étaient tous bons, il n'y aurait plus d'échec scolaire. Chaque situation (celle de l'établissement, celle d'une classe, celle d'un élève) est particulière. De nombreuses interactions jouent et sont en jeu (entre contexte social, « climat » de l'établissement, plus ou moins grande décentralisation du système éducatif, etc.). Donc il est vain d'espérer pouvoir tracer le portrait du professeur idéal – encore plus vain d'espérer ne recruter que des êtres abstraits – même si dans la réalité quotidienne des classes on sent bien que le sens de l'équité qui habite ou non les maîtres a un impact certain sur la réussite ou l'échec scolaires.

5. Mettre en évidence l'effet-établissement, l'effet-classe ; l'effet-maître ne doit pas conduire à sous-estimer *la question de la motivation des parents et des élèves* pour l'école et les études. Le sens de l'école (trouver

une signification à sa propre présence à l'école, avoir le désir d'apprendre à l'école, le désir d'aller à l'école) est non pas souhaitable mais nécessaire à la réussite scolaire. Les enfants en échec ne savent pas pourquoi ils doivent « aller à l'école ».

Pour mieux comprendre les trajectoires d'échec des élèves de milieux défavorisés, on peut opposer les affirmations de ceux qui réussissent, *en dépit de leur origine sociale* et celles des élèves, de même milieu familial, socioéconomiquement parlant, qui échouent.

Les premiers ne se contentent pas du rapport de l'école à l'emploi futur ; ils donnent un sens cognitif et culturel à leur présence à l'école. Ils aiment acquérir des connaissances, vivre « une gymnastique de la tête pour devenir intelligent », apprendre « énormément de choses », « études et communication scolaires, je trouve ça formidable »[1]. Au contraire, les élèves en difficulté – cependant pas tous – n'aiment pas « aller à l'école ». « C'est pas mon truc, hein. J'aime pas trop, quoi (rire). Eh, heu j'aime pas, j'aime pas l'école, quoi. "Le primaire ?" Ben, j'y allais parce que... fallait y aller, quoi... Mais j'ai jamais vraiment aimé. Là (au collège) c'est pas que j'aime mais bon, ça passe maintenant. Ça y est. Faut bien passer par là. »[2]

Au reste le rapport à l'école et le rapport au savoir ne sont pas identiques ; la question de la motivation soit pour l'école soit pour les études reste complexe (Charlot *et al.*, 1993).

L'intérêt des familles pour le travail, le succès ou l'insuccès de leurs enfants entre aussi en jeu dans ces trajectoires. Là aussi, la complexité est reine : certaines familles, de catégories sociales défavorisées, sont

1. Sami, 14 1/2 ; parents mécanicien et monteuse en tricot, cité par R. Boyer et B. Larguèze, 1993, *Éducation et formations,* n° 36, p. 66.

2. Caroline, 3e ZEP de Saint-Denis, orientée vers l'apprentissage en fin de troisième, citée par B. Charlot *et al.*, in *École et savoir dans les banlieues... et ailleurs,* 1993, p. 43.

aidantes, et leurs enfants le disent ; d'autres trouvent le système éducatif lointain, comme étranger à leur vie familiale et leurs enfants en souffrent, même s'ils n'en sont pas conscients.

Les facteurs familiaux de réussite scolaire sont les suivants, quand il s'agit d'enfants de milieux défavorisés : père ouvrier qualifié ayant un emploi stable ; mère active, travaillant à temps partiel et ayant fait des études jusqu'en troisième, voire en BEP, famille restreinte (trois enfants), absence de conflits.

La stabilité, le primat du groupe familial, des rôles paternel et maternel distincts caractérisent ces familles qui expriment clairement leur confiance en l'école, en l'avenir social et professionnel de leurs enfants. Le désir de mobilité et d'ascension sociale est explicité par une mère « s'il fait ingénieur, ce sera merveilleux... [mais] il ne faut pas dire "il faut que tu sois ingénieur, docteur ou pharmacien", il faut voir, on essayera de le mener le plus loin possible mais il faut tenir compte des aptitudes »[1].

Quant aux élèves en difficulté, ils ne bénéficient ni de la stabilité familiale ci-dessus indiquée comme facteur d'aide à la réussite ni de mères diplômées. Ils éprouvent une gêne à l'égard des connaissances enseignées, ont du mal à assimiler des savoirs que leurs parents ne maîtrisent pas parce qu'ils sont très éloignés de la culture scolaire. Les comportements familiaux, quel que soit le niveau socioprofessionnel, intègrent ou non les exigences (rythmes de vie réguliers, sommeil suffisant) du travail scolaire. Mais il est certain que la mobilisation des familles des élèves en difficulté est loin d'être satisfaisante. A peine un élève sur trois collégiens en difficulté reçoit de l'aide, pour organiser son travail, dans sa famille (J.-P. Caille, 1993).

« Les élèves en difficulté sont deux fois moins sou-

1. Cité par R. Boyer et B. Larguèze, DEP, 1993, *op. cit.*, p. 66.

vent aidés conjointement par leur père et leur mère que les élèves qui n'ont pas rencontré de difficulté. »

A milieu social comparable, les parents d'élèves en difficulté se rendent moins souvent dans l'établissement scolaire de leur enfant ; ils adhèrent deux fois moins que les parents des élèves qui réussissent aux associations de parents d'élèves ; dans ces familles, le père s'implique peu dans le suivi des études ; enfin les parents des élèves en difficulté font moins le lien entre les activités scolaires et les activités de loisirs, qu'elles relèvent du domaine artistique ou du domaine sportif.

Toutefois on ne saurait, aujourd'hui encore, ni attribuer à tel ou tel climat familial, à telle ou telle pratique éducative, une causalité stricte eu égard à l'échec scolaire, ni mettre en corrélation « style de vie » des familles et catégories socioprofessionnelles. Les familles appartenant à une même classe sociale peuvent se révéler très différentes les unes des autres quant au climat éducationnel qu'elles génèrent. Est-il possible de définir un milieu familial favorable qui conduirait infailliblement un enfant à la réussite scolaire ? Certes non : il y a toujours une « combinaison singulière », « une interaction unique et imprédictible d'une multitude de paramètres qualitatifs », quasiment inclassables[1].

Il n'en reste pas moins vrai que les élèves en difficulté ressentent vivement soit l'abandon relatif dans lequel les parents les laissent, eu égard à leurs études, soit la forte anxiété qui s'empare de certaines familles lorsque l'échec devient patent, visible, dit et redit par les conseils de classe. Mais les interactions dans la vie quotidienne des familles sont si variées que le lien entre échec scolaire et style éducationnel familial reste obscur, une fois réaffirmée la trop fameuse corrélation

1. J.-C. Forquin, *Revue française de pédagogie*, n° 59, 1982.

entre échec scolaire et catégorie socioprofessionnelle, socioculturelle des parents. Tout se passe comme si, derrière cette épaisse muraille, subsistait une boîte noire (ce qui se passe réellement dans les familles, ce qu'est l'ambition réelle de chaque parent quant à la scolarisation et aux études de ses enfants).

Aujourd'hui, donc, nous n'en sommes plus à penser que seuls les « héritiers » réussissent et que la corrélation échec scolaire/catégories socioculturelles des parents soit le seul facteur explicatif de l'échec scolaire : joue aussi un rôle non négligeable la mobilisation des acteurs d'un établissement scolaire particulier dans l'orientation des élèves, dans la construction de mesures pédagogiques et didactiques appropriées à l'exigence de réussite de tous.

Il reste que la culture familiale et la culture scolaire sont très fréquemment distantes l'une de l'autre. Cette distance culturelle, quelle que soit la difficulté de la définir et de l'amoindrir, doit être prise en compte.

C'est pourquoi, parmi les diverses mesures que le système éducatif et son environnement social mettent en place, *l'accompagnement scolaire,* impliquant des acteurs sociaux – dont des parents d'élèves – semble devoir être un outil de médiation entre les familles et l'école. Nous présenterons ce dispositif en premier lieu dans l'exposé de la remédiation à l'échec scolaire, remédiation aussi complexe que l'est le phénomène lui-même.

Par ailleurs si, objectivement, l'échec scolaire a régressé ces quinze dernières années, il est subjectivement, pourrait-on dire, de moins en moins accepté par le corps social. Le niveau des connaissances exigé par les entreprises, par une société de communication informatisée et de technologies de pointe est placé de plus en plus haut, situation économique et chômage favorisant cette exigence. Aussi, malgré les efforts entrepris, malgré la régression de l'échec, la société française continue-t-elle à demander que cet échec soit éradiqué – ce qui est sans doute impossible. L'impression prévaut d'un système scolaire qui ne sait pas comment faire partager à tous l'intérêt pour le savoir lui-même, la motivation pour l'école. L'égalisation des chances de réussite par l'école et à l'école reste un idéal, une finalité vers lesquels il faut tendre mais en restant lucide, en sachant que l'échec scolaire peut régresser mais ne peut sans doute pas être éradiqué du système scolaire.

DEUXIÈME PARTIE

UNE REMÉDIATION COMPLEXE. « L'ÉCHEC SCOLAIRE N'EST PAS UNE FATALITÉ »[1]

Le phénomène de l'échec scolaire est en relation forte avec les inégalités sociales. Il n'est pas explicable par la seule école, même si des effets de système sont en jeu dans son existence comme dans son inégal déploiement.

Social et scolaire en même temps, complexe et variant selon les établissements scolaires mais aussi selon les régions et les académies, cet échec appelle une volonté nationale forte pour le contrer et une série de réponses, de remèdes divers alliant le plus possible acteurs de l'école et acteurs sociaux. L'école, à elle seule, ne peut venir à bout d'un phénomène aussi complexe prenant racine et extension là où la crise socio-économique, le chômage sont les plus accablants. Aussi, tout en maintenant la cohérence et la cohésion sociale de l'école, c'est avec des politiques associant des partenaires multiples, avec un réseau complexe de mesures, que l'on peut trouver des remèdes à l'échec scolaire.

1. Nous reprenons ici le titre d'un ouvrage : CRESAS, *L'échec scolaire n'est pas une fatalité*, ESF, 1981.

Nous présenterons successivement trois stratégies mais leur mise en cohérence et en convergence, autour de l'objectif « faire régresser l'échec scolaire », est nécessaire pour qu'une certaine efficacité soit atteinte. Cette succession est due aux commodités de l'exposé. Elle ne saurait faire croire qu'une simple juxtaposition de mesures sans vision d'ensemble, c'est-à-dire sans une politique délibérée et vigilante, pourrait suffire à remédier à l'échec scolaire.

D'autre part, parce que l'échec scolaire tient autant d'un phénomène de société que d'un fait exclusivement scolaire, ces mesures ont en commun la nécessaire mobilisation d'acteurs sociaux (institutions culturelles, services de santé publique, municipalités, parents) aussi bien que des agents de l'éducation.

A la localisation de l'échec scolaire massif dans certaines zones dites sensibles, répond une politique décidée en 1981, qui regroupe les forces éducatives et les mobilise dans des quartiers urbains, dans des cantons ruraux : c'est la politique des zones d'éducation prioritaire (désormais désignées ZEP).

A la nécessité d'allier les travailleurs sociaux, les animateurs se réclamant de la complémentarité à l'effort des enseignants et des établissements scolaires, correspond la stratégie de l'accompagnement scolaire.

A la mobilisation nécessaire des enseignants, aux acteurs du système scolaire dans chaque établissement sont proposés des dispositifs de soutien scolaire et de « différenciation des pédagogies » (terme choisi par L. Legrand pour désigner l'ensemble des actions et des méthodes diverses susceptibles de répondre aux besoins des apprenants, 1995).

Cette politique et ces stratégies, nécessaires pour que la régression de l'échec scolaire se poursuive, ne doivent cependant pas être entachées d'illusion : elles ne pourront pas complètement éradiquer l'échec scolaire dans une société en crise ; elles pourront, toutefois, aider chaque élève en particulier, aux prises avec de grandes difficultés scolaires, sans que jamais tous réussissent. On ne doit ni sombrer dans le fatalisme venu en partie d'une meilleure connaissance sociologique du phénomène, ni croire en un remède magique, définitif, de type volontariste.

Chapitre IV

L'ACCOMPAGNEMENT SCOLAIRE

Le fait que l'échec scolaire soit lié aux différences culturelles entre les familles, donc à l'écart entre une culture familiale et la culture scolaire est de mieux en mieux connu. Contrairement à ce qui était affirmé jusqu'au milieu du XXe siècle, – l'école libérerait tous les élèves, à égalité, des contraintes sociales, – il est de plus en plus fréquent de lire ou d'entendre « l'école ne peut pas tout ». Elle est un problème de société, dont l'ensemble de la population doit se préoccuper.

De ce constat est né, peu à peu et sous des formes diverses, l'idée généreuse que l'on doit « soutenir », « aider » les enfants dans leur processus de scolarisation et de travail scolaire et cela hors de l'école. Le statut d'élève, d'agent de sa propre formation est reconnu à l'enfant, hors de l'école autant qu'à l'école même.

Ce sont ces tentatives pour soutenir l'effort de chaque élève, considéré individuellement et socialement à la fois, qui ont été regroupés, le 7 octobre 1992, par une circulaire interministérielle, sous le vocable d'accompagnement scolaire. Ce terme désigne donc l'ensemble des « actions spécifiques dont le but explicite et essentiel est de venir en aide aux écoliers et aux collégiens dans leur parcours scolaire »[1].

Ces actions revêtent des formes très diverses, qui

1. Dominique Glasman *et al.*, Le soutien scolaire hors école, in *Revue française de pédagogie*, n° 95, 1991.

vont des études dirigées, des réalisations institutionnelles, reconnues et financées par les ministères de l'Éducation nationale, de la Jeunesse et des Sports, des Affaires sociales telles les Activités éducatives périscolaires (dites AEPS), aux « aides aux devoirs » initiées par des groupements affinitaires de bénévoles (mères de famille, retraités, membres d'une association de travailleurs migrants, etc.).

Les études dirigées restent figées dans la tradition et, malgré les exhortations ministérielles des années 1984-1986, ne constituent pas un moyen explicite de lutte contre l'échec scolaire. Par contre les AEPS ont été créées à cet effet et elles existent majoritairement dans les zones d'éducation prioritaire, en tout cas dans des quartiers, des villes, des cités où vit une population défavorisée économiquement (chômeurs, ouvriers spécialisés, employés) et culturellement. Ces AEPS sont ou doivent être organisées en liaison avec une école élémentaire ou un collège déterminés. Les activités se déroulent soit dans les locaux scolaires (c'est le cas à Paris et dans l'agglomération parisienne), soit dans des centres sociaux, proches de l'école.

En fait, institutionnellement, ces activités coordonnées soit par le directeur d'école, soit par un animateur professionnel (municipal) ou un travailleur social rétribué par une direction départementale des Affaires sociales, se rapprochent de la conception des « centres de loisirs associés à l'école », initiés par un texte ministériel dès 1976 mais qui n'ont jamais réellement fonctionné.

D'organisation plus souple, liées davantage à la lutte contre l'échec scolaire et non plus aux seuls loisirs, les AEPS sont fondées sur l'idée que hors temps scolaire, certaines activités d'expression corporelle ou artistique sont susceptibles de faire décroître la distance culturelle entre l'école, ses exigences et la vie familiale d'un enfant. Au reste, certains centres d'AEPS, et ce de plus en plus fréquemment, font une place à l'aide aux devoirs (donc au travail exigé par l'école) et à des apprentissages scolaires, notamment à l'entraînement à la lecture. Sur 47 comptes rendus adressés à l'Inspection académique de la Loire en 1988, D. Glasman (art. cité) dénombre 11 occurrences d'aide aux devoirs, 44 occurrences d'activités liées aux apprentissages scolaires, 95 occurrences d'activités non directement scolaires, extrêmement variées : théâtre, jeux, visites et sorties, bricolage, enquêtes dans le milieu proche, journal, radio, photographie, cuisine, musique, danse, sports, initiation à l'écologie et à la fréquentation active de la bibliothèque municipale, expositions.

Ces AEPS sont très fréquemment instituées par les municipalités, en accord avec les instances dépendant du ministère de l'Éducation nationale (IA, IEN) et les travailleurs sociaux. A travers la mise en place de ces nouvelles institutions locales que sont les AEPS et, comme pour les ZEP, le rôle et la fonction des municipalités sont considérablement transformés. Les villes deviennent de véritables partenaires de l'école, reconnues comme tels par l'Éducation nationale, comme par la Jeunesse et les Sports. Les municipalités, ces quinze dernières années, ont pris progressivement conscience du poids de l'échec scolaire et de leur responsabilité dans la lutte contre ce phénomène de société.

Certes cette logique institutionnelle horizontale, reliant directement écoles et collèges à l'action municipale se heurte encore à la logique institutionnelle verticale du ministère de l'Éducation nationale (un enseignant ne dépend que de son inspecteur de circonscription, lequel dépend uniquement de l'Inspecteur d'académie, sous la responsabilité du recteur puis... du ministre lui-même et de ses services). Toutefois, les progrès de la décentralisation en France, de la mobilisation locale des acteurs sociaux (Derouet, 1988) changent considérablement le paysage du système éducatif, par le biais même d'une lutte locale contre l'échec scolaire[1].

Parallèlement à ces structures « AEPS » mi-paramunicipales, mi-Éducation nationale, se sont développés nombre de petits centres d'aide aux devoirs, actifs pour soutenir les enfants en difficulté et lutter, aux côtés de l'école, contre l'échec scolaire. Grâce à des associations de quartier, des bénévoles, des militants de l'éducation populaire (pupilles de l'enseignement public, Fédérations d'œuvres laïques, etc.), des groupes de travailleurs ou d'étudiants migrants (l'exemple de l'association laïque fondée par des étudiants marocains, Trait d'union, est significatif) prennent aussi des initiatives.

Dès 1979, des mères de famille de la Confédération syndicale des familles (CSF) regroupaient chez elles (autour des écoles ouvertes de la Villeneuve de Grenoble) cinq ou six enfants en difficulté, pour leur réexpliquer, dans leur propre langage, les notions non comprises à l'école, les aider à lire, à apprendre leurs leçons. Ces premières initiatives, valorisées par le groupe de chercheurs du CRESAS-INRP se sont multipliées, répandues dans les associations les plus diverses, presque dans chaque quartier en Développement social urbain (DSU).

Ces initiatives furent si foisonnantes, si éparses, souvent en l'absence de la liaison indispensable avec l'école, qu'une « charte de l'accompagnement scolaire », texte interministériel, signé par toutes les grandes fédérations d'éducation populaire, a vu le jour en janvier 1993 pour tenter une harmonisation minimale de ces actions. Cependant l'application de ce texte se heurte à l'indépendance des associations régies par la loi de 1901, dont certaines sont nées dans le seul but d'aider les élèves en difficulté... et de recevoir l'aide financière du FAS (Fonds d'Aide sociale du ministère des Affaires sociales).

1. Cf. A. Henriot Van Zanten, *Revue française de pédagogie,* nº 95, 1991.

Cette charte vise notamment à réguler, sinon encadrer, l'action dite des « grands frères ». Dans de nombreux quartiers de l'agglomération parisienne sont nées, sur l'initiative d'étudiants étrangers ou français issus de l'immigration, des lieux d'aide aux « jeunes frères » pour favoriser la réussite de leur scolarité. Cet élan et ce mouvement, très positifs au départ, ont parfois été perturbés par des idéologies religieuses. L'aide apportée par les aînés aux plus jeunes reste une piste de lutte contre l'échec scolaire et, aujourd'hui, contre la violence. Il s'agit alors d'une véritable *entraide* scolaire entre « grands élèves » et « petits élèves » qui se déroule hors du temps scolaire et qui fait donc partie de la définition générique de l'accompagnement scolaire.

Il existe quelques cas d'entraide scolaire entre collégiens et écoliers, entre lycéens et collégiens. Ces actions sont encadrées par le collège ou par le lycée dont font partie ces « parrains », en coopération avec les directeurs d'école et les enseignants. Cette constante régulation, pour éviter découragement, déperdition des « parrains », est souvent effectuée par un professeur de collège ou de lycée volontaire, ce qui a le mérite de donner cohérence et durée à ces actions. La relative proximité, en âge, des membres des « couples » d'élèves ainsi formés, a un impact très favorable sur la confiance en soi de l'un et l'autre partenaires de cette entraide scolaire (cf. expérience du collège lycée expérimental d'Hérouville - Saint-Clair, 1987-1996).

L'intégration sociale, autant que la réussite scolaire, est visée par de telles entreprises nées de l'initiative personnelle des uns et des autres. Mais le choix de l'objectif d'intégration n'est-il pas le signe que la réussite à l'école est l'un des facteurs majeurs de l'intégration à la société française ? Le signe, aussi, que désormais la lutte contre l'échec scolaire est considérée comme un enjeu social, comme étant l'affaire de tous ?

Toutefois, faute d'une évaluation précise de l'impact

de ces diverses actions institutionnelles ou associatives, sur les progrès cognitifs et scolaires des élèves, on ne peut affirmer qu'elles forment un instrument efficace de lutte contre l'échec scolaire. Le seul constat que l'on puisse faire, c'est que certains élèves en grande difficulté scolaire redonnent un sens à leur présence à l'école, réussissent à vaincre certaines appréhensions à l'égard des mathématiques, par exemple, grâce à l'accompagnement scolaire.

En ce qui concerne les seules AEPS (donc les actions les plus officielles et les mieux instituées) D. Glasman observe que « les résultats scolaires ne semblent pas s'améliorer de façon notable ». Dans les rapports des conseils des maîtres adressés à l'Inspecteur d'académie du département de la Loire, « les effets sur les performances sont relativement peu invoqués [...] comme si les AEPS ne pouvaient, par construction, avoir un effet sur ce plan ». Toutefois nombre d'instituteurs remarquent une amélioration du comportement des élèves en classe ainsi qu'un moindre absentéisme scolaire. Quant aux animateurs de ces activités périscolaires, ils insistent sur la confiance retrouvée, sur l'amélioration des conduites de socialisation, des attitudes à l'égard de l'école, sur les capacités d'expression et de communication en progrès. Mais il reste à convaincre les enseignants que ces progrès (notamment en matière d'expression et de communication orales et écrites) sont transférables dans le domaine scolaire et influent sur les résultats chiffrés.

Enfin, notons que tout accompagnement scolaire porte sur les individus-élèves, mieux encore prend en compte leur personne, alors que l'échec scolaire est un phénomène social, collectif et global. Il est dès lors quasiment impossible de faire coïncider des évaluations d'ordre statistique (collectives et globales) avec des évaluations ayant pour objet le comportement de chacun.

Si l'accompagnement scolaire est le signe d'une prise

en compte, par de nombreux partenaires, de la réalité de l'échec scolaire considéré comme enjeu de société, il n'en reste pas moins vrai que ces partenaires ne parviennent pas, à ce jour, à se reconnaître comme tels.

Les enseignants gardent jalousement leurs prérogatives par rapport à leurs pratiques pédagogiques et didactiques. Même dans les cas les plus favorables, où l'accompagnement scolaire est réalisé avec leur accord et leur approbation, ils tiennent, au nom d'une professionnalisation accrue, à démarquer fortement leur propre action de celle des animateurs. Ils considèrent ces derniers comme, avant tout, des spécialistes du loisir des enfants et des adolescents et non comme des « accompagnateurs » de la scolarité des élèves. Ils continuent à déplorer les carences familiales et pensent que les animateurs de l'accompagnement scolaire échouent peu ou prou dans leur action de médiation entre l'école et les familles. En effet, pour les associations se préoccupant d'accompagner les enfants dans leur cursus scolaire, il est essentiel de remotiver les familles à l'égard de l'éducation scolaire afin d'améliorer la relation des enfants à l'école. Tâche redoutable s'il en est : la confiance des familles dans les animateurs est réelle mais pour des raisons de commodité dans la garde des enfants, non pour se mobiliser sur la question de leur scolarité. Or ce rôle de médiateur, peu d'animateurs réussissent à le prendre. Leur discours sur les difficultés des familles finit par ressembler fortement à celui des enseignants. Les animateurs comme les enseignants connaissent la corrélation entre milieu familial et échec scolaire ainsi que les thèses sur la reproduction des classes sociales, en référence implicite aux analyses de P. Bourdieu. C'est l'instance familiale, selon eux, qui doit accompagner scolairement l'enfant. C'est « à la maison », avec l'aide de sa mère ou de son père, qu'il doit faire ses devoirs, réciter ses leçons, avoir envie d'apprendre *à l'école.*

Même lorsque des enseignants ou des animateurs

connaissent personnellement des ruptures conjugales, des dissociations familiales pénalisant leurs propres enfants, ils persévèrent dans leur regard accusateur sur les familles de leurs élèves, afin d'« expliquer » l'échec scolaire, voire les difficultés scolaires de chacun.

Tant que l'objectif essentiel de l'accompagnement scolaire – aider un enfant particulier à surmonter ses difficultés à l'école, au niveau des apprentissages – ne sera pas dit et partagé réellement par les enseignants, par les responsables de l'accompagnement scolaire, ce dernier ne réussira pas à réaliser sa finalité. Un équilibre est à trouver lors des temps hors école et dans un même lieu, entre d'une part des activités de réinvestissement des apprentissages scolaires (lire, écrire, résoudre des situations-problèmes) une aide aux devoirs d'autre part, enfin des activités d'expression (dramatique, orale, artistique, musicale) et des activités sportives.

Pour cela, une concertation, clairement instituée par un inspecteur de l'Éducation nationale et par une municipalité, réunissant directeurs d'écoles, principaux de collège, enseignants d'un côté, maire-adjoint chargé de l'éducation, responsables associatifs d'un autre côté, sur une ville ou sur un quartier urbain précis, ne dépassant pas 20 000 habitants, est absolument nécessaire. Ce genre de dispositif existe déjà dans quelques villes sous deux noms : « espace éducatif concerté » (Saint-Fons ; Hérouville - Saint-Clair, par exemple) et « projet éducatif local ». Ces dispositifs sont de caractère social et scolaire à la fois. Ils réunissent de manière systématique, en les considérant comme partenaires en puissance, les acteurs sociaux et de l'école et du quartier ou de la ville.

C'est lors de réunions de ce genre que l'accompagnement scolaire peut être défini, ou redéfini, mis et remis « sur le métier » de la concertation, que des projets autour des institutions culturelles municipales (bibliothèque, école de musique, école d'art, musée, etc.) peuvent être sérieusement établis, discutés sans jamais laisser de côté les effets attendus sur les apprentissages scolaires.

Si les limites actuelles de l'accompagnement sont clairement identifiables, ces réserves ne doivent pas condamner cette orientation dans la lutte contre l'échec scolaire. En effet les actions d'accompagnement scolaire ont le mérite de mettre en relation l'environnement social de l'école et l'école elle-même.

L'interaction entre acteurs sociaux et acteurs scolaires y est révélée, avec ses insuffisances aujourd'hui, mais avec l'espoir lucide de la faire servir au recul de l'échec scolaire.

Certes, à lui seul, c'est-à-dire sans une politique des zones d'éducation prioritaire nettement affirmée et sans une pénétration massive de la pédagogie différenciée dans les collèges, l'accompagnement scolaire (ou le soutien « hors école » aux élèves en difficulté) ne suffit pas à faire reculer l'échec scolaire. Des mesures, des actions plurielles mais convergentes sont nécessaires. Elles ont besoin de temps pour réduire un phénomène aussi important. L'impatience des décideurs est ici mauvaise conseillère. Ce n'est pas parce que les initiateurs de l'accompagnement scolaire n'ont pas encore réussi à faire partager leur but et leurs objectifs aux enseignants et aux animateurs qu'il faut abandonner cette orientation. Des études de cas, faites par certains responsables de l'accompagnement scolaire, montrent objectivement que pour de nombreux élèves qui en ont bénéficié, il y a eu reprise de confiance en soi, goût renouvelé pour les activités scolaires, intérêt pour l'école, éloignement de l'angoisse.

Enfin, quoi qu'il en soit des résultats actuels, difficilement mesurables, l'accompagnement scolaire reste bien le signe d'une réaction de groupes sociaux, voire de la société globale, à l'échec scolaire ; la volonté de relever le défi qui consiste à combattre et à faire régresser l'échec est bien partagée par les divers acteurs sociaux.

Chapitre V

DE LA PÉDAGOGIE DE SOUTIEN A LA PÉDAGOGIE DIFFÉRENCIÉE

Plus classique et apparemment plus adéquat à la réduction de l'échec scolaire que l'accompagnement scolaire hors de l'école, le *soutien, à l'école,* des élèves qui peinent, redoublent, s'absentent, se révoltent, se ferment à la vie intellectuelle et aux apprentissages a, depuis une quinzaine d'années, été mis en place. On parle même de la « pédagogie de soutien », comme si elle avait une spécificité en matière de contenus et de méthodes.

Qu'en est-il exactement de ce moyen, de ces dispositifs mis en place, renouvelés par de nombreuses circulaires ministérielles préparant chaque rentrée scolaire ? Au collège, il s'agit de donner du temps, en français, en mathématiques, en langues vivantes, soit à des petits groupes d'élèves qui connaissent des difficultés précises, en grammaire, en orthographe, etc., soit à une demi-classe pour individualiser davantage les exercices ou reprendre une notion mal comprise par la plupart des élèves. La première solution semble priver les « bons élèves » d'une heure de français, d'une heure de mathématiques ou autre. L'égalitarisme qui règne dans le système éducatif français s'accomode mal de ce dispositif. Le « réflexe identitaire » (les mêmes contenus, les mêmes méthodes pour tous les élèves, selon le niveau supposé de la section) dont parle André de

Peretti, est tel que si des « heures de soutien » sont attribuées à un professeur, il préférera se contenter de partager le groupe-classe en deux sous-groupes, sans nécessairement « traiter » différemment élèves en difficulté et bons élèves.

La dotation globale horaire attribuée à chaque collège, qui voulait, au départ permettre davantage d'autonomie aux principaux et aux professeurs en leur laissant la liberté de la répartition entre « soutien » et heures de cours, est devenue, en réalité, une contrainte supplémentaire d'autant qu'elle s'est peu à peu réduite et ne se base, dans la répartition, que sur le nombre d'élèves et non sur leurs difficultés.

« La dotation globale horaire, une dérive technocratique », tel est le sous-titre d'un rapport (1992) de l'Inspection générale de l'Éducation nationale qui indique : « Cette dernière est très peu mise à contribution pour élaborer des formes de lutte contre l'échec scolaire. Cet état de fait tient dans certains cas à l'étroitesse de cette dotation globale horaire qui permet seulement d'assurer les enseignements obligatoires. »

Au reste, les récentes instructions officielles pour le collège marginalisent la possibilité de dispenser des heures de soutien en laissant la liberté d'ajouter seulement une heure de français ou une heure de mathématiques selon la volonté de l'équipe pédagogique. Or il est plus aisé de donner cinq heures de français « normales » que de convertir une heure en deux demi-heures de « soutien ». Cette tentation, de plus, facilite grandement la conception des emplois du temps : ils peuvent rester figés annuellement alors que pour dégager des moments consacrés au soutien des élèves, il faudrait les remanier fréquemment, tenir compte des projets interdisciplinaires que deux ou trois professeurs veulent conduire ensemble, en même temps que des projets ayant trait aux activités de soutien discipline par discipline.

Les enseignants se plaignent de l'hétérogénéité des niveaux des élèves dans une même classe mais, dans le même temps, il leur paraît difficile de constituer des groupes d'élèves de niveau homogène, ce qui leur permettrait de consacrer un temps supplémentaire aux plus faibles. La dialectique hétérogénéité des niveaux – homogénéité de la classe reste le problème central des dispositifs pédagogiques et didactiques dans les collèges. De ce fait, les dispositifs de soutien, pour devenir efficaces dans la régression de l'échec scolaire, devraient être le lieu où s'exerce la différenciation de la pédagogie.

La différenciation de la pédagogie consiste à choisir des méthodes d'apprentissage, des approches qui conviennent à tel petit groupe d'élèves ayant des lacunes similaires et différentes de celles que traite le cours collectif fait à une classe entière.

La pédagogie différenciée apparaît, en liaison directe avec le soutien, dans les textes officiels qui créent le collège unique comme la réponse à la question : « Comment enseigner à des publics scolaires divers dans le cas où les filières qui séparaient les élèves en difficulté des autres collégiens ont été supprimées dans le cas où contenus et méthodes sont unifiés, sinon uniques ? » La solution avancée est de préconiser une pédagogie adaptée aux besoins des élèves en difficulté, en diversifiant les méthodes, les exercices selon les groupes. Pendant que le petit groupe d'élèves en difficulté travaille avec le professeur, les élèves rapides s'adonnent à des activités d'approfondissement.

Liée d'abord au soutien des élèves en difficulté, la pédagogie différenciée est devenue peu à peu une orientation pédagogique fondamentale.

Le projet de Louis Legrand pour les collèges (1982) élargit le champ de la différenciation pédagogique à l'ensemble des élèves du collège en proposant de restructurer ce dernier de la manière suivante : un ensemble de 90 à 100 élèves, soit l'équivalent de quatre classes, est confié à un ensemble de huit à dix professeurs. Ces derniers, après une série d'évaluations, organisent les groupes afin que chaque élève fasse partie de deux dispositifs. Un groupe de base hétérogène (fonctionnant en histoire-géographie, en sciences, en activités artistiques, en éducation physique et sportive) permet la rencontre d'élèves très divers pendant les deux tiers au moins du temps scolaire. Un groupe dit de « niveau-matière » permet de vivre des pédagogies différant d'un groupe à l'autre, en français, en mathématiques, en langues vivantes.

Malgré des expérimentations fructueuses, cette nouvelle organisation n'a jamais été étendue à l'ensemble du collège. Mais l'idée et les essais de pédagogie différenciée ont fait leur chemin. Il est des collèges où le projet d'établissement instaure un emploi souple du temps (A. Husti, 1984) qui permet à des petits groupes de dix à quinze élèves de trouver des réponses à des incompréhensions ou à des difficultés passagères. André de Peretti voit dans une pédagogie fixe et réductrice (non différenciée) un facteur d'inégalité entre les groupes d'élèves : « Une gestion pédagogique insuffisamment variée introduit [...] nécessairement un mécanisme d'échec et une ségrégation élitiste aux dépens d'un pourcentage plus ou moins important des apprenants : ceux-ci sont naturellement portés au découragement ou à des comportements violents. »[1]

Cependant, les dispositifs de soutien, la pédagogie différenciée sont lourds à mettre en place. Ils réclament de la part des équipes de direction comme des enseignants une concertation fréquente, une constante préoccupation de l'évaluation des acquis des élèves qui ne laissent pas de paraître trop complexes. C'est pourquoi l'idée de « groupes de besoin » qui se réunissent de

1. *Controverses en éducation,* Hachette, 1991.

façon irrégulière, seulement lorsque la nécessité d'une reprise d'un apprentissage se fait sentir, est apparue comme un élément de pédagogie différenciée « souple » (Meirieu, 1985). La pédagogie différenciée n'est pas, selon cet auteur, un système « mais une dynamique jamais achevée : chercher des points d'appui dans le réseau complexe que constitue tout acte d'apprentissage, en faire des leviers pour une action toujours plus rigoureuse et plus libre à la fois »[1].

On aura remarqué que les dispositifs de soutien et la pédagogie différenciée sont nés au collège, pour le collège. Ce phénomène est explicable puisque c'est à ce degré de scolarité que l'échec scolaire devient patent, visible, douloureux à vivre pour les élèves, leurs parents, pour la plupart des enseignants.

Certainement l'échec scolaire et les difficultés prennent leur source bien avant, à l'école élémentaire. Cependant il existe des ruptures, des découragements au collège même pour des élèves ayant réussi jusqu'en sixième. La classe de sixième constitue un tel bouleversement pour des enfants de onze ans qu'elle est parfois vécue comme incompréhensible, arbitrairement exigeante (Best, 1980).

La pédagogie différenciée et le soutien ne peuvent répondre ni à tous les cas individuels d'échec ni à toutes les situations de trop grande rupture entre les cycles. De plus il est difficile, voire impossible d'évaluer, dans une amélioration de la scolarité, ce qui est à mettre au compte de la pédagogie différenciée, d'une évolution de la motivation familiale, ou d'une des multiples variables qui constituent l'échec ou la réussite scolaire.

Faut-il pour autant penser que ces efforts, afin d'aider les élèves en difficulté, par une différenciation des pédagogies et des didactiques, sont inutiles ? Certainement pas. C'est à force de faire converger des actions

1. Ph. Meirieu, *L'école, mode d'emploi*, ESF, 1985.

multiples et multiformes comme l'accompagnement scolaire, le soutien pendant le temps scolaire, la pédagogie différenciée, que l'on parviendra à faire reculer, au collège, l'échec scolaire, et à éviter les redoublements excessifs, ou les sorties, sans diplôme, du système éducatif.

N'y a-t-il que le collège qui doive être le lieu de la pédagogie différenciée ? Certes non.

Au lycée, qu'il soit d'enseignement général ou professionnel, les élèves connaissent aussi la peur de l'échec, signifié, ici, par l'échec au baccalauréat. Dès la classe de seconde, les jeunes issus des classes populaires sentent et disent que leurs chances de succès sont inégales par rapport à leurs camarades appartenant aux classes moyennes ou aisées.

Devant cette situation, des équipes de professeurs engagent des processus d'apprentissage qui relèvent de la pédagogie différenciée. Au lycée ce sont les modules (un certain nombre d'heures est réservé à ce dispositif, où s'entrecroisent modules de soutien, modules d'approfondissement, modules optionnels), qui sont le lieu de la différenciation pédagogique, d'un soutien spécifique.

C'est surtout en classe de seconde, qui constitue depuis 1992 un palier d'orientation important, dirigeant les élèves vers des séries fortement hiérarchisées (dans l'ordre, du « supérieur » à l'« inférieur », série S : scientifique ; ES : sciences économiques et sociales ; L : littéraire ; STT : sciences et technologies tertiaires), que se jouent échec ou réussite. Mais, quelle que soit l'issue de cette classe, l'entrée dans le second cycle est facteur d'angoisse, de peur de l'échec. A 16, 17 ans ou plus, l'élève lycéen est conscient de ses manques, de ses difficultés. L'échec ou la crainte de l'échec sont vécus sur le registre affectif, subjectif, ce qui peut engendrer une décision de sortie du système scolaire dès la fin de la seconde et constitue une autoexclusion, autrement dit un échec objectif, bien réel, le comble de l'échec scolaire.

Le passage en seconde de lycée est une étape essentielle dans la scolarité. « On fait la sixième, cinquième, quatrième, troisième tranquilles, puis on arrive en seconde, c'est vraiment le choc » déclare Jacques, interrogé par Marie-Anne Hugon[1].

Pour dépasser ce « choc », ne pas risquer l'échec, des modules disciplinaires ou interdisciplinaires ont été mis en place en 1992. Lors de ces travaux de groupes, méthodes et contenus sont travaillés en français, en mathématiques, en histoire-géographie. Mais une pédagogie différente, si elle ne met pas en place une réflexion personnelle et une discussion sur les savoirs eux-mêmes (ce que Marie-Anne Hugon dénomme les activités métacognitives) ne suffit pas.

Les limites de la pédagogie différenciée, au lycée, sont mises en lumière dans ce propos d'une enseignante : « On va leur donner des consignes claires, leur découper la difficulté en petits morceaux, manipulables chacun selon des écrits préfabriqués... Or, plus on leur donne de trucs, de rails (baptisés trompeusement "méthodes"), plus on leur facilite le travail, et moins on les amène à réfléchir aux dispositions qu'ils ont à prendre selon les circonstances, pour être compris. Tout au plus appliquent-ils des algorithmes correspondant à ce qu'il faut faire quand on est dans le cadre de tel ou tel exercice » (*op. cit.*, p. 20).

Certes, cette mise en cause d'un soutien spécifique ou d'un type de pédagogie différenciée est sans doute excessive. Elle met en lumière le fait qu'au lycée, des modules pluridisciplinaires portant sur une compétence transversale comme la lecture de textes divers, ou bien comprenant une réflexion méthodologique sur la

1. A. Cohen et M.-A. Hugon, *Nouveaux lycéens, nouveaux pédagogues,* p. 28, Éd. INRP-L'Harmattan, 1995.

nature du travail et de la tâche à accomplir, sont préférables à de simples exercices. Dans les lycées expérimentaux décidés en 1982 par le ministre Alain Savary, ce sont de tels modules, portant sur des thèmes ou sur des compétences nécessitant le concours de deux ou trois disciplines, qui ont été expérimentés, validés, car ils sont susceptibles de porter remède aux difficultés éventuellement graves que connaissent de nombreux élèves de ces lycées. Mais, ici comme ailleurs, la généralisation de tels dispositifs, réclamant de la part des enseignants concertation soutenue et travail en équipe, reste aléatoire. Elle dépend des décisions locales, établissement par établissement, plus que des circulaires ministérielles qui y exhortent.

Quoi qu'il en soit, il est important de maintenir, voire d'étendre un enseignement modulaire au lycée. Cette forme d'apprentissage et de remédiation aux risques d'échec ne met nullement en cause l'enseignement classique en cours frontal, donc ne devrait pas être repoussé comme s'il faisait fi des habitudes et des savoir-faire classiques des professeurs. Cette caractéristique devrait permettre son inscription durable dans l'enseignement au lycée.

Les « gains » sont ici plus grands que les inconvénients : le travail en groupes restreints (de dix à quinze lycéens) permet une entraide entre élèves, des interactions sociales facilitant la construction de soi et du savoir, que les groupes soient de niveau homogène ou de niveaux hétérogènes sur le plan cognitif : « Le travail de groupe est l'outil privilégié par lequel le professeur améliore sa connaissance des [élèves]. »[1] Ainsi peut-il adapter les progressions aux difficultés et du programme et des élèves. « Organiser régulièrement et fréquemment des travaux de groupe, c'est provoquer des interactions qui ne se produiraient ni en enseignement frontal ni, non

1. *Op. cit.*, p. 196.

plus, lorsque le travail de groupe est essayé de façon épisodique. »[1]

Ce genre de travail fait indiscutablement partie de la différenciation pédagogique puisqu'il diversifie les approches des connaissances et n'en rejette aucune. La combinaison dispositifs de soutien/pédagogie différenciée/enseignement modulaire constitue bien un élément important de la lutte, pied à pied, individuelle et collective, contre l'échec scolaire, au lycée et au collège.

Cependant les remèdes à l'échec scolaire doivent-ils survenir seulement au collège et au lycée, lorsque le système d'orientation-sélection s'abat, en quelque sorte, sur les élèves ?

La conscience qu'ont les collégiens, en quatrième et en troisième, puis les lycéens de seconde, voire de première et de terminale, de leurs difficultés qui, toutes additionnées, constituent l'échec scolaire, masque les ravages antérieurs, ceux de l'apparition et de la genèse, à l'école élémentaire, de ce même échec.

Comme Antoine Prost (*Le Monde*, 10 avril 1996), et compte tenu de ce que nous avons dit des redoublements du cours préparatoire, nous pensons que, même si le collège apparaît comme le « maillon faible du système éducatif », « le moment vraiment décisif est l'école primaire, pas le collège ».

Existe-t-il des remèdes dès l'école élémentaire ? Une pédagogie de soutien, une pédagogie différenciée ?

La politique des cycles (cycle des apprentissages ; cycle des approfondissements) est encore très mal comprise et n'est pas considérée par les enseignants comme une modalité de lutte contre l'échec scolaire. Pourtant, un cycle durant quatre années au lieu des trois « normales » est nettement préférable à un redoublement. Mais la présentation officielle qui a été faite de cette

1. *Op. cit.*, p. 197.

nouvelle répartition à l'intérieur de la scolarité des enfants de cinq à onze ans a été biaisée par le discours sur une adaptation individualisante (tenir compte des rythmes d'apprentissage de chaque élève) afin, sans doute, de n'effrayer ni les enseignants de l'école élémentaire, ni les parents d'élèves.

Pour l'instant donc, cette politique des cycles à l'école élémentaire (loi d'orientation de 1989) est loin d'être appliquée et n'est pas suffisamment considérée comme un moyen de faire régresser l'échec scolaire.

Alors, est-ce à chaque niveau de l'école élémentaire, à l'intérieur même de la classe, que l'on pourrait trouver temps de soutien et pédagogie différenciée ?

Certes les conditions d'enseignement (un maître polyvalent, une classe tout au long d'une année) diffèrent radicalement de celles des collèges et des lycées. A cause de la polyvalence de chaque enseignant, pourtant assez adaptée à l'âge des élèves, la nécessité de la concertation et du travail en équipe apparaît peu. Les projets d'école n'ont pas suffi à instaurer ce dernier, en dépit d'un affichage prometteur.

Certains enseignants, toutefois, s'efforcent d'organiser des groupes de niveau à l'intérieur de la classe, de faire accomplir des exercices de difficulté variée, selon les lacunes et les besoins. Mais cette pratique reste rare. A l'école élémentaire, selon des choix pédagogiques personnels, on oscille plutôt entre des moments d'enseignement collectif et des tâches individuelles, personnalisées grâce à des fiches de travail dans les classes dont les maîtres se réclament de la pédagogie Freinet, par exemple. L'individualisation de l'enseignement, tant prônée par les pionniers de l'éducation nouvelle, reste l'orientation préférée de ces enseignants, mais n'est pas forcément considérée comme un remède à l'échec scolaire et au risque de redoublement.

Cependant, un dispositif institutionnel existe, dans les écoles au nombre important de classes, pour aider les élèves ayant de graves difficultés scolaires et pour prévenir l'échec : ce sont les réseaux d'aide spécialisée.

Chaque réseau est, en principe, composé d'un psychologue scolaire, de deux rééducateurs ayant bénéficié d'une formation spéciale. Les aides spécialisées, indique une circulaire ministérielle d'avril 1990 « mettent en œuvre, à l'école maternelle et élémentaire des interventions spécifiques auprès d'élèves en difficulté scolaire, globale ou particulière... Ces interventions ont pour objectif, d'une part de favoriser l'ajustement progressif des conduites émotionnelles, corporelles et intellectuelles, l'efficience dans les différents apprentissages et activités proposées par l'école, et d'autre part, de restaurer chez l'enfant le désir d'apprendre et l'estime de soi [...] Pour atteindre ces objectifs, les intervenants spécialisés compétents du réseau d'aides choisissent et mettent en œuvre, dans chaque cas, les stratégies, les méthodes et les supports les mieux adaptés à leur démarche professionnelle. L'action d'aide spécialisée à dominante rééducative est entreprise avec l'accord des parents et, dans toute la mesure du possible, avec leur concours. L'intervention auprès des enfants se fait individuellement ou en très petits groupes ».

Dans la pratique et pour appliquer cette dernière consigne, un rééducateur « enlève » – le mot n'est pas trop fort – un élève de sa classe et lui fait faire, pendant un laps de temps défini (une demi-heure), des exercices spécifiques (motricité, langage, lecture), souvent en rupture avec les méthodes du maître de la classe. De ce fait, l'enfant se sent isolé, comme exclu du groupe-classe. Ces mesures de rééducation beaucoup trop individuelles, qui retirent l'élève de son contexte habituel sont rarement efficaces (rapport Mingat, 1992). Par ailleurs, les enseignants comprennent mal que les élèves « signalés » le soient par le psychologue scolaire, après la passation de tests collectifs, puis individuels et non par eux-mêmes. Ils ressentent cette aide comme une critique de leur propre action. Le réseau d'aide spécialisée fonctionne de façon trop indépendante, il couvre souvent plusieurs écoles, même importantes. De ce fait, son intégration à la vie de chaque école et de chaque équipe pédagogique est extrêmement difficile. S'ajoute à ces défauts d'ordre institutionnel un sentiment de supériorité chez les rééducateurs, venu peut-être d'une formation supplémentaire et spéciale, ce qui choque fréquemment les enseignants. Là encore, le recours à une extrême individualisation prive l'enfant en difficulté du groupe de ses pairs et des interactions dont il pourrait bénéficier. Enfin, plus l'élève est jeune, moins il a conscience que ces entretiens et activités avec un adulte spécialisé lui sont nécessaires ou peuvent l'aider. Par contre, le cas où un rééducateur prend en charge le groupe des élèves « forts » de la classe afin que le maître de cette même classe s'occupe spécialement, pendant une heure ou deux par semaine, du petit groupe des élèves en difficulté, semble être une solution heureuse et efficace.

Autrement dit, un enseignant supplémentaire par école, qu'il soit ou non spécialisé, peut rendre de grands services afin que le maître de la classe se consacre, à des moments précis, à la reprise d'exercices mal compris, à l'apprentissage de la lecture, etc. Ici encore, on retrouve l'intérêt, dans la remédiation aux difficultés, de petits groupes où jouent les interactions et l'entraide entre élèves.

Bref, à l'école élémentaire, à l'instar du collège et du lycée, le recours à une pédagogie différenciée mettant en place des petits groupes de quatre ou cinq élèves en difficulté, devrait pouvoir être réalisé, à condition que le reste de la classe soit pris en charge à la BCD (Bibliothèque centre documentaire) ou dans un autre lieu de l'école. Mais cette différenciation serait davantage appelée si les trois ou six enseignants d'un cycle (rappelons que la durée d'un cycle est de trois années) coopéraient vraiment, décidaient en équipe de « soutenir » les élèves, qui en lecture, qui en expression écrite, qui en mathématique, s'ils prenaient ensemble l'initiative d'échanger des groupes d'élèves à des moments précis dans la semaine. Pour l'heure, les cycles n'ont d'existence que sur les documents écrits administratifs (« projets » d'école, circulaires ministérielles). Il n'a pas été assez dit que l'allongement d'un cycle, en créant, par exemple, une classe intermédiaire entre le cours élémentaire première année et le cours élémentaire deuxième année, donc à la frontière entre cycle des apprentissages et cycle des approfondissements, est bien préférable à un redoublement du cours préparatoire. C'était déjà l'idée que promouvait Jean Vial avec la notion de « cycle désenclavé »... en 1965.

Des expérimentations ont eu lieu : certains élèves ont pu, en fin d'année d'une classe d'adaptation ainsi située dans le cursus scolaire, intégrer le cycle des approfondissements (CM1) sans prendre un an de retard. D'autres n'ont, en tout cas, pas vécu cette classe comme un redoublement. La manière de situer les classes d'adaptation, autre institution de prévention de l'échec scolaire, au bon moment du cursus de la scolarité élémentaire, est capitale.

La pédagogie différenciée, comportant des activités où tous les élèves d'un même cycle, répartis en petits groupes, pourrait permettre des interactions, de l'entraide entre enfants, alors que celles-ci existent fort peu à l'école élémentaire, toujours écartelée entre des leçons collectives et une individualisation presque excessive. Les fiches individuelles autocorrectives conviennent mieux aux « bons » élèves qu'à ceux qui connaissent, dans le face à face solitaire avec une fiche, un sentiment d'angoisse lié à la peur d'échouer. Cette individualisation des apprentissages pourrait être plus féconde si l'évaluation était faite en petit groupe et non pas individuellement, ou si elle n'existait qu'à certains moments, comme un mode différent et momentané d'une pédagogie multiforme. Cette même différenciation de la pédagogie pourrait constituer le cœur des classes-passerelles, ou des classes dites « d'adaptation » afin d'éviter l'orientation en classe de perfectionnement.

Au reste les « classes-passerelles » sont de plus en plus nombreuses au collège et au lycée. Au collège, il existe des cursus correspondant à des durées de trois ans au lieu de deux. Ainsi un élève peut-il faire une classe de sixième, une classe de cinquième, une classe de « quatrième préparatoire », une classe de quatrième, enfin une classe de troisième. Très souvent c'est l'occasion, pour un élève en difficulté, de reprendre confiance en soi, dans une classe aux effectifs limités, où le travail en groupes est fréquent.

Au lycée, il existe aussi des classes de troisième-seconde, ou de seconde-première permettant soit d'éviter un redoublement « sec », soit de regagner un cursus « normal » sans perdre une année. Les plus authentiques des passerelles sont sans doute celles qui permettent à un lycéen de passer de l'enseignement professionnel, ou de l'enseignement technique à une filière d'enseignement général, au niveau de la seconde ou de la première.

Le rapport de l'Inspection générale de l'Éducation nationale[1] indique que ces « cursus allongés » connaissent un développement limité par le coût élevé de leur mise en œuvre mais reconnaît que cette initiative est fréquente dans l'échantillon observé (six établissements par académie). « Pour éviter le redoublement à certains élèves et leur permettre de progresser dans leur scolarité, est constituée une classe dont les élèves, avec leur accord et celui des familles, effectueront en trois

1. *Documentation française*, 1992, p. 121.

ans un parcours de deux ans. Toutes les combinaisons sont possibles (6e-5e ; 5e-4e ; 4e-3e ; 2e-1re ; 1re-terminale). L'enseignement des programmes de deux années est étalé sur trois ans. Les effectifs sont généralement allégés. La concertation entre professeurs est indispensable mais toujours difficile à mettre en place. »

Tout ce qui ressort de la diversification des dispositifs semble donc bien relever de la lutte contre l'échec scolaire. Toutefois, il ne faut guère s'étonner que la généralisation de telles initiatives soit difficile : « sans une adhésion et une implication personnelles du chef d'établissement, il est vain d'espérer la naissance et la pérennité d'initiatives destinées à lutter contre l'échec scolaire » (p. 119).

On le voit, à chaque mise en place de dispositifs appelant une différenciation de la pédagogie, est requise (par établissement, école, collège, lycée) la « mobilisation » des acteurs du système éducatif (chefs d'établissement ou directeurs d'écoles, enseignants, agents). Toutes les études ethnosociologiques conduites à ce jour parviennent à cette conclusion : il est vain d'espérer une régression de l'échec scolaire uniquement grâce à des mesures centrales, ministérielles. Seul l'encouragement des décideurs, actuellement insuffisant, incitera ces acteurs locaux à prendre des initiatives pour freiner et faire régresser l'échec scolaire.

Chapitre VI

LA POLITIQUE DES ZONES D'ÉDUCATION PRIORITAIRE

Les zones d'éducation prioritaire sont nées (en 1982) d'une volonté politique de lutte contre l'échec scolaire. Il fallait d'abord accepter l'idée que, selon de très nombreuses recherches allant de 1965 à 1980, l'échec scolaire était bien une réalité mettant en cause l'illusion selon laquelle l'école était un facteur d'égalité sociale, mais n'était pas pour autant une arme de guerre contre l'école elle-même, ou contre les enseignants. Idée courageuse et lucide, donc, que d'entreprendre, par une répartition *inégalitaire* des moyens, une lutte contre l'échec scolaire pour mieux assurer, même relativement, l'égalité de tous les enfants devant et à l'école.

Cette politique, tenant compte de la localisation d'un échec massif, a consisté à créer des zones correspondant le plus souvent à celles qui délimitaient les quartiers dits en Développement social (DSQ).

S'agit-il là d'une imitation des politiques de compensation initiées aux États-Unis et en Grande Bretagne ? Oui et non. Oui, car il s'agit bien de donner des moyens, en postes et en heures d'enseignement, à des établissements scolaires qui ont un grand nombre d'élèves en difficulté. Non, car ces moyens supplémentaires, loin de mettre « à part » les élèves risquant de ne pas réussir (ceux que les Anglais appellent les élèves « à risque ») sont affectés à des zones et à des établissements où l'hétérogénéité est grande. Bons élèves, élèves moyens, issus de diverses classes sociales, côtoient les enfants des habitants dits « défavorisés » (chômeurs, ouvriers, petits employés). De plus, lesdits moyens supplémentaires sont assortis de l'obligation de partenariats divers, où les collectivités locales tiennent un rôle éminent.

La politique des zones d'éducation prioritaire a pour objectif de « renforcer l'action éducative dans les zones où les conditions sociales sont telles qu'elles constituent un facteur de risque, voire un obstacle pour la réussite scolaire des enfants et des adolescents qui y vivent et donc, à terme, pour leur insertion sociale (circulaire n° 90-028 du 1er février 1990).

Cette politique, initiée par le ministre Alain Savary, a été renforcée par la loi d'orientation de 1989 (dite loi Jospin) et par les circulaires d'application (1er février 1990, 22 décembre 1990).

Cette lutte contre l'échec scolaire englobe, selon un ensemble territorial défini, les écoles, les collèges, parfois les lycées même si ces derniers sont peu nombreux. Souvent c'est autour d'un ou deux collèges que se structure une zone. Une telle politique fait appel à la mobilisation des agents de l'éducation qui doivent concevoir et mettre en œuvre un « projet de zone » cohérent, centré sur la réduction de l'échec scolaire. Des conseils de zone, des responsables (souvent un inspecteur de l'Éducation nationale ou un principal de collège) assistés d'un coordonnateur (un directeur d'école, un conseiller pédagogique, voire un professeur de collège) ont été institués. Les recteurs et les inspecteurs d'académie doivent veiller personnellement à la conduite de cette politique qui varie, au reste, d'une académie à l'autre.

En 1994-1995 existent 558 zones d'éducation prioritaire dont 28 dans les DOM. La progression a été importante en douze ans puisque, en 1982, année de la mise en place de cette politique, il en existait 355.

6 200 établissements publics et écoles sont en ZEP : 5 300 écoles (9,6 % de l'ensemble école élémentaire), 700 collèges (14,2 % de l'ensemble collèges), une centaine de lycées professionnels, une trentaine de lycées d'enseignement général. Les situations varient fortement d'une académie à l'autre, de six zones dans l'académie de Caen à soixante-quatre dans l'académie de Lille. Au total, les ZEP regroupent 11,3 % des élèves de l'enseignement public.

La définition des ZEP (leur carte) est décidée par les recteurs mais sur avis des maires des communes d'implantation. Ce sont ces derniers qui, bien souvent, pour faire de leur politique sociale et urbaine une totalité cohérente, demandent à ce que tel ou tel quartier soit déclaré « ZEP ».

Certains parents ont pu croire, au début de cette politique, qu'être « élève de ZEP » était un stigmate, que leur quartier et leurs enfants s'en trouvaient dévalorisés. Mais les concertations entre les conseils de zone et les parents, les municipalités et les autorités académiques ont eu raison de ces premières appréhensions. Le nombre de projets d'activités éducatives, de dispositifs de soutien, d'initiatives d'ordre culturel est tel que les familles, très sollicitées pour participer d'une façon ou d'une autre à ces actions, s'attachent à ce que « leur » ZEP fonctionne bien et ait les moyens de poursuivre sa progression. La zone d'éducation prioritaire fonctionne en système de réseau : cette caractéristique correspond bien à la nature même, systémique et sociale, de l'échec scolaire.

Les écoles et les collèges forment un réseau d'acteurs se sentant responsables de la réussite scolaire de l'ensemble des élèves de la zone. Les concertations y sont plus fréquentes, entre collèges, écoles élementaires, écoles maternelles que dans le reste du système éducatif, ce qui facilite le passage en sixième et la cohérence des cursus.

Réseau d'écoles et de collèges, mais aussi réseau de partenaires divers, les ZEP sont une construction sociale autant que scolaire. Le partenariat avec les municipalités, entre autres, est capital pour que l'échec scolaire soit l'objet de l'attention des groupes sociaux habitant le quartier ou, dans les zones rurales (peu nombreuses), le district ou le canton. Il n'existe pas de véritable ZEP sans partenariats multiples, l'essentiel étant celui qui existe entre les établissements scolaires et les municipalités.

La politique des ZEP engendre une nouvelle relation entre le niveau central des décisions (gouvernement, ministères) et le niveau local. La décentralisation accroît la possibilité de prendre, au niveau municipal plus encore qu'au niveau régional, un certain nombre de décisions. Par voie de conséquence, les écoles et les collèges sont en relation double : avec les municipalités d'une part, avec les autorités de l'Éducation nationale d'autre part. Un nouveau jeu de partage des responsabilités, face à l'échec scolaire, se met en place, non sans réticences de la part des directeurs d'école et des enseignants.

Pour un système aussi hiérarchisé que l'Éducation nationale, il est difficile de concevoir l'autonomie des établissements et, surtout, la prise en compte des politiques locales d'aménagement du territoire, de développement social urbain (DSU). De plus, l'inégalité entre les moyens financiers des communes et leurs capacités d'investissement dans une politique à la fois éducative et sociale choque l'égalitarisme traditionnel des enseignants. Le rapport entre l'égalité des chances devant l'école, toujours à conquérir, et l'inégalité des moyens à mettre en œuvre pour y parvenir reste à argumenter, à présenter comme l'un des moyens de la lutte contre l'échec scolaire. Pourtant l'on tient, avec la politique des ZEP, somme toute récente, un exemple fort d'une nouvelle dialectique entre l'échelon central et l'échelon local, d'une démocratie locale s'appuyant sur une décentralisation et une déconcentration progressives, décidées et encadrées par l'État. Ce compromis, qui reste un compromis même s'il est guidé par la valeur de l'intérêt général, est souhaitable, en tout cas, pour faire pièce à l'échec scolaire qui est vécu localement, par des groupes sociaux repérables. « En France, la construction de l'État centralisé s'est beaucoup appuyée sur cette référence [l'intérêt général] : c'est elle qui lui a permis de rejeter tout ce qui était local dans le domaine des intérêts particuliers. Est-ce à dire pour autant que le souci de l'intérêt général, le service public ne peuvent être que nationaux ? » A cette question posée par J.-L. Derouet[1] la politique des ZEP esquisse une réponse négative.

Il est expressément demandé aux responsables des ZEP (Inspecteurs ou principaux de collèges) de négocier, de « s'entendre » avec les services publics déconcentrés de l'État (Directions départementales de la Jeunesse et des Sports, des Affaires sociales) et les services publics dépendant des conseils régionaux et des conseils généraux (« DDAS – département ») et avec le service public qu'est une mairie.

Les élus ne peuvent pas, puisque l'échec scolaire est un phénomène essentiellement social, rester hors de l'enjeu que sont l'égalisation des chances de réussite à l'école et l'action pour la régression de l'échec.

Les premiers partenaires de l'école que sont les parents ne jouent pas un rôle moins important : c'est de l'intérêt que manifestent, ou non, les parents pour l'école que dépend, en grande partie, la réussite scolaire individuelle.

1. *École et Justice,* Éd. Métailié, 1992, p. 95.

Dans les ZEP, il s'agit de faire des parents un agent collectif de la lutte contre l'échec scolaire : tâche bien plus difficile que de prendre les simples rendez-vous personnels avec les enseignants. Dans nombre de ZEP, des initiatives ont été prises pour réunir les parents autour de thèmes socioéducatifs comme « parler avec les enfants », « le langage chez les tout-petits », « lire à la maison », « l'éducation à la santé », etc. Mais les enseignants qui participent à ces débats et à ces informations se fatiguent rapidement : il s'agit là de militantisme, non de pratiques inhérentes à leur profession !

C'est quand une médiation est réalisée par un maire adjoint ou par un travailleur social connu des familles que ce genre d'action prend forme, mais ces actions demandent une mobilisation des parents qui reste imprévisible et intermittente.

Le partenariat avec les services publics de la santé n'est pas plus aisé, dans la mesure où les directeurs d'école et les principaux focalisent leurs demandes sur la médecine scolaire, les infirmières et les assistantes sociales de l'Éducation nationale. Pourtant, les problèmes de santé s'aggravent dans les ZEP, où la cantine et la demi-pension, délaissées parce que trop onéreuses pour certaines familles, ne peuvent faire face à certaines formes de malnutrition, de toxicomanie, d'absence d'hygiène. Là encore, les services publics – même s'ils sont « d'État » – restent considérés comme trop extérieurs à l'Éducation nationale par le corps enseignant.

Les institutions culturelles – qui bien souvent dépendent directement des municipalités – (bibliothèques, écoles de musique, école d'art, musées) sont mieux sollicitées que d'autres partenaires. Lorsque les projets sont vraiment communs à un enseignant et à des responsables d'institutions culturelles, le bénéfice que les élèves des ZEP en retirent est patent : à cette occasion les élèves accèdent à des formes artistiques, à des activités (comme la lecture-loisir) culturelles qui, sans ces projets, leur resteraient opaques et fermées. Cependant, ici encore, même après une négociation réussie avec les décideurs locaux, les modalités de réalisation du projet en font, selon les cas, soit une perte de temps, soit un rapprochement réel entre culture scolaire et culture familiale.

Si l'enseignant s'engage dans le projet, avec l'artiste appelé à agir ou avec le responsable d'une troupe théâtrale ou avec un(e) bibliothécaire, l'enfant, l'adolescent comprennent alors que l'école est la voie pour entrer dans l'univers de la culture, pour connaître les joies que peuvent procurer un film, un œuvre théâtrale, un concert, des œuvres d'art plastique... De telles entreprises sont exigeantes en qualité pédagogique comme en qualité artistique, si l'on veut en faire des moyens de réduire la distance culturelle entre l'école et le milieu familial d'origine.

Le chef de projet « DSQ », « souvent désigné par un accord passé entre le maire et le sous-préfet à la ville (ou à défaut avec la direction de l'urbanisme et de l'équipement) est le partenaire obligé lorsque la ZEP correspond à un quartier en développement social urbain. Là où responsable de la ZEP et chef de projet travaillent ensemble, se concertent régulièrement, font partie l'un et l'autre du conseil de zone, il y a véritablement coordination des actions, notamment culturelles et éducatives, qui donne sens au recouvrement de la zone d'éducation prioritaire et au quartier en développement social urbain.

En un moment de l'histoire du système éducatif français qui oscille entre égalité-uniformité nationale et adaptation aux problèmes sociaux territorialisés, les partenariats sont encore fragiles. Ils sont mal maîtrisés par les responsables des ZEP comme par les enseignants. Ces derniers n'ont, au reste, reçu aucune préparation au travail collectif et à la négociation constante qu'il faut pratiquer pour faire vivre un partenariat.

Toutefois ces partenariats, si difficiles à mettre en place, restent une pièce maîtresse d'une zone d'éducation prioritaire puisqu'ils signifient une mobilisation, localisée, d'acteurs sociaux en faveur d'un objectif : la régression de l'échec scolaire au sein d'une population que tout défavorise pour que les enfants qui en font partie réussissent leur scolarité. Certes, ils restent à améliorer.

B. Charlot constate, en analysant 146 dossiers de demandes de financement émanant de ZEP, que la logique de projet en est absente, qu'elles dénotent une « représentation déficitariste des enfants et des parents », révélant « l'habitus des enseignants et des classes moyennes » ainsi qu'une conception « idéologique » du partenariat, ce dernier n'étant pas rapporté à l'atteinte de l'objectif de régression de l'échec scolaire mais étant pris lui-même comme objectif.

Dans le même ouvrage[1], Évelyne Burguière montre que la rencontre d'acteurs dont les légitimités s'inscrivent dans des champs différents (aide sociale, éducation, insertion professionnelle) reste problématique ainsi que la reconnaissance de « professionnalités » revendiquées mais mal délimitées.

La politique des ZEP est relativement récente : des malentendus entre partenaires, des conflits de compétence restent à analyser, à dépasser. Mais ces défauts ne doivent pas conduire à l'arrêt ou à la stagnation de cette politique qui, malgré ces lacunes qu'il faut espérer provisoires, porte déjà ses fruits. Elle a, en tout cas, le mérite de ne plus opposer la problématique scolaire à la problématique sociale, de donner un sens social autant qu'éducatif à la régression de l'échec scolaire.

1. *L'École et le territoire : nouveaux espaces, nouveaux enjeux*, A. Colin, 1994.

Cette politique a été évaluée à plusieurs reprises, soit par l'Inspection générale de l'Éducation nationale, soit par l'intermédiaire d'enquêtes réalisées par la Direction de l'évaluation et de la prospective.

Les évaluations nationales, en début de CE2 (commencement du cycle des approfondissements de l'école élémentaire) et en début de sixième au collège, fournissent des indications intéressantes. En comparant les résultats des élèves de ZEP à ceux de la totalité des établissements, dans un département, et ce sur trois années, l'Inspection générale a constaté que *ces résultats s'amélioraient d'année en année de façon parallèle,* même si les élèves des ZEP ne parvenaient pas à égaler les scores (en moyenne) de l'ensemble des élèves de CE2 ou de sixième du département.

La DEP[1] parvient aux mêmes conclusions : certes, en 1994, les élèves scolarisés en ZEP maîtrisent moins bien, en moyenne, le français et les mathématiques que les autres (le résultat scolaire moyen des élèves de ZEP est inférieur de huit à dix points). Mais entre 1982 et 1990 les ZEP ont connu les mêmes évolutions positives que l'ensemble du système scolaire... *Les écarts entre les ZEP et les autres établissements scolaires ne se sont pas creusés,* alors que les ZEP accueillent, de plus en plus, des élèves qui sont, *a priori,* susceptibles de se trouver en situation d'échec scolaire. Si la politique des ZEP n'avait pas existé, il y a tout lieu de penser que l'écart entre les résultats des élèves de ces milieux et ceux des autres aurait augmenté d'année en année.

Pour que ces conclusions soient fiables, il serait nécessaire que chaque année soient comparés, d'après les évaluations début CE2 et à l'entrée en sixième, les résultats des élèves en ZEP et les résultats des élèves des autres établissements et écoles d'un même département.

1. Note d'information 95-25, mai 1995 ; *Repères et références statistiques,* 1994.

Par ailleurs, lorsqu'on observe l'évolution des cursus scolaires en classes de sixième et de cinquième des collèges entre les années 1980 et les années 1990, il est à remarquer que les élèves en difficulté passent plus souvent en classe de quatrième lorsque le collège fait partie d'une ZEP. Le fait qu'un collège soit en zone d'éducation prioritaire semble rendre possibleS une meilleure prise en charge des élèves en difficulté et une amélioration de leur scolarité secondaire[1].

Les élèves des ZEP qui avaient des résultats faibles à l'entrée en sixième parviennent pour 51 % d'entre eux en quatrième sans redoublement alors que dans les collèges hors ZEP ce sont seulement 40 % d'entre eux qui connaissent ce déroulement de scolarité. Bien sûr, on pourra interpréter ce fait en disant qu'en ZEP les conseils de classe sont moins exigeants. Mais on peut aussi penser que les actions de soutien, d'accompagnement scolaire toujours présentes dans les ZEP produisent une amélioration des performances des élèves, ou encore que la motivation retrouvée pour l'école joue un rôle positif dans le domaine des connaissances. Toujours est-il que, loin de nuire aux élèves, leur présence en ZEP, quand cette dernière fonctionne selon les orientations prises en 1990, semble être un atout important pour éviter d'être en échec scolaire.

Collectivement, les ZEP, ancrées dans des territoires où vivent des populations en difficulté sociale, économique, culturelle sont bel et bien un instrument capital dans une politique de lutte contre l'échec scolaire et d'amélioration des résultats en matière de connaissances et de compétences.

Les nouvelles technologies de l'information et de la communication risquaient et risquent encore de creuser un nouveau fossé entre les élèves qui ne sont pas en

1. D'après J.-P. Caille, Note d'information DEP, n° 93-96, septembre 1993.

ZEP et les élèves des ZEP qui, dans leur très grande majorité, n'ont dans leur foyer familial, ni micro-ordinateur ni connexion avec des réseaux comme Internet.

Conscients de ce danger et du risque d'aggraver l'échec scolaire par cette nouvelle discrimination, des sites d'informatique et de télématique ont été installés dans la plupart des ZEP, auxquelles la priorité a été accordée par l'Éducation nationale et par les municipalités dans ce cadre. Ici la notion de priorité, ou encore, comme on la dénomme, de « discrimination positive », a joué en faveur des ZEP, dans le cadre de la prévention de l'échec scolaire.

Comme il a été constaté que des progrès cognitifs sont réalisés lorsque deux ou trois élèves sont regroupés devant un micro-ordinateur et s'entraident, beaucoup mieux que dans un tête à tête solitaire enfant-ordinateur (recherche INRP, 1986), ce dispositif scolaire, qui donne lieu, parfois, à la naissance d'un club périscolaire informatique qui permet aux jeunes adolescents d'utiliser ces nouveaux outils, est le bienvenu dans les ZEP.

Bref, les moyens supplémentaires accordés aux ZEP, en heures d'enseignement, en postes de professeurs, en admettant tous les enfants de deux ans à l'école maternelle, en sites d'informatique sont le signe d'une politique de différenciation positive en faveur des ZEP, dont il ne faut jamais omettre le caractère territorial et collectif, qui les distingue radicalement des politiques de compensation tentées aux États-Unis ou en Grande-Bretagne.

Les ZEP constituent bien une réponse à la fois pédagogique, éducative et sociale : c'est tout un quartier, toute une municipalité qui se mobilisent contre l'échec scolaire considéré comme facteur de désintégration sociale ou de « fracture sociale ».

Un autre signe de la mobilisation de tous à l'intérieur des ZEP ou vis-à-vis d'elles est donné par le développement des aides au travail scolaire hors de l'école.

Il n'est pas de ZEP sans accompagnement scolaire, même si ce dernier est encore, tout comme le partenariat, désordonné ou trop peu régulé par le conseil de zone (conseil composé des principaux partenaires : maire, travailleurs sociaux, services de l'État autres que l'Éducation nationale, inspecteur, directeurs d'écoles, chefs d'établissements secondaires).

Parfois ce sont des acteurs hors zone qui interviennent dans cet accompagnement des élèves comme c'est le cas dans la ZEP du Haut-du-Lièvre à Nancy, où les étudiants en sciences de l'éducation font de l'accompagnement scolaire (aide aux devoirs, aide méthodologique, explications des notions mal comprises) dans le cadre d'une « valeur » tout à fait officielle de leur unité d'études et de recherche.

Le soutien scolaire, à l'école, au collège, est lui aussi mieux développé dans les ZEP qu'en d'autres lieux.

Une ZEP met en réseau et en cohérence ces divers moyens de lutte contre l'échec scolaire qui peuvent irriguer l'ensemble du système éducatif pour tenter de remédier à ce phénomène social autant que scolaire qu'est cet échec.

Toutes les actions qui s'ancrent dans la relation de l'éducatif au social ont des chances de correspondre à la « nature » de l'échec scolaire. C'est pourquoi il faut inlassablement les développer, tout en traquant les dérives et les dysfonctionnements. La politique des ZEP est donc évaluée comme une juste orientation du système éducatif tout entier.

Ces remarques devraient lever les craintes des parents qui craignent, pour leur enfant, son inscription dans une école ou un collège situé dans une ZEP. Au moins au niveau collectif, les efforts faits par les acteurs (enseignants et partenaires de l'école) des ZEP pour éviter l'absentéisme, donner sens à l'école, relier cette dernière aux actions culturelles de la cité sont bénéfiques à tous les élèves, y compris aux « bons » élèves.

Il reste que l'échec est vécu sur le mode individuel. Et là, le problème de tel ou tel élève « en difficulté » relève de dispositifs de remédiation que l'on ne rencontre pas seulement en ZEP mais dans l'ensemble du système éducatif (soutien ; entraide scolaire entre élèves ; accompagnement scolaire, pédagogie différenciée, etc.). Mais peut-on vraiment résoudre un problème social, culturel, éducatif aussi complexe que l'échec scolaire ? Jusqu'au particulier et à l'individuel, certainement non. « Le défi est de comprendre comment de l'inégalité sociale se transforme en différenciation scolaire à travers des histoires singulières... » (B. Charlot, E. Bautier, J.-Y. Rochex)[1].

« D'un côté, expliquent ces mêmes auteurs, [existe] l'indéniable corrélation statistique entre échec scolaire et origine sociale ; de l'autre, l'expérience de la scolarité comme histoire singulière marquée par des événements, des rencontres, de l'imprévisible. »

Tout mettre en œuvre pour que régresse l'échec scolaire est de l'ordre du politique et des stratégies culturelles et sociales. C'est ainsi qu'est conçue, à l'origine, la politique des ZEP.

Il n'en demeure pas moins que les histoires singulières des élèves en grande difficulté relèvent du rapport direct qu'une personne particulière entretient avec l'école et avec le savoir, « son » savoir. On ne peut donc passer sous silence ni la prise en compte des pratiques familiales, ni les processus subjectifs et intersubjectifs, affectifs et intellectuels que vit chaque élève, chaque enfant, chaque adolescent au cours de sa vie scolaire et extrascolaire. Cette prise en compte constitue une tâche immense, voire impossible, même si la sociologie actuelle s'intéresse aux acteurs de l'école que sont les élèves, les enseignants, les parents. Une meil-

1. B. Charlot, E. Bautier, J.-Y. Rochex, *École et savoir dans les banlieues... et ailleurs,* A. Colin, 1993, p. 229.

leure connaissance de ces processus aiderait peut-être (ce n'est pas une certitude) à imaginer, à multiplier les stratégies pour faire régresser l'échec scolaire.

Pour l'heure, la politique des ZEP, la stratégie de mise en réseau des acteurs sociaux qu'elle implique, le dispositif de l'accompagnement scolaire, qui constitue une aide personnalisée, les dispositifs de « soutien » internes à l'école constituent des voies, des orientations justes : elles ont déjà apporté quelques améliorations et sont sans doute les agents d'un recul progressif, mais forcément lent, de l'échec scolaire.

Chapitre VII

DE L'ORIENTATION SCOLAIRE AU TUTORAT

« Je vais être orienté », « j'ai peur d'être orienté » ; en fin de cinquième, en fin de troisième on entend cette phrase laconique de la part des collégiens en difficulté. « Être orienté » est devenu une formule passive et intransitive, qui en dit long sur les dérives du processus d'orientation.

Ce caractère intransitif cache la crainte d'être affecté dans une filière que l'élève n'a pas choisie, une classe de lycée professionnel, préparant le BEP[1], pis encore, une classe préparant le CAP[2], une CPPN[3], voire une classe de SES[4]...

1. Pourtant, l'orientation scolaire et professionnelle promue par le Plan Langevin Wallon (1946) faisait l'objet d'une décision généreuse, empreinte de volonté de justice. « Le premier principe... [est celui] de justice. Il offre deux aspects non point opposés mais complémentaires : l'égalité et la diversité. [...] La logique et l'équité exigent que les divers échelons de l'enseignement répondent à des niveaux de développement, puis à des spécialisations d'aptitudes et non à des catégories

1. BEP : Brevet d'études professionnelles.
2. CAP : Certificat d'aptitude professionnelle.
3. CPPN : Classe préprofessionnelle de niveau.
4. SES : Section d'enseignement spécialisé.

sociales [...] La mise en valeur des aptitudes individuelles en vue d'une utilisation plus exacte des compétences pose le principe de l'orientation – orientation scolaire d'abord puis orientation professionnelle. »

Ces extraits du plan Langevin-Wallon ont encore un sens aujourd'hui : égalité et diversité des élèves sont difficilement en harmonie, et ce, plus que jamais. L'espoir mis en l'orientation s'est heurté à la dure réalité de la reproduction, à l'école sinon par l'école, des inégalités sociales.

Pour ajuster les processus d'orientation à la massification de l'enseignement, les mesures de réforme des conditions dans lesquelles se font les choix des filières ou des options ont été nombreuses ces vingt dernières années.

Par ailleurs, la création du collège unique, la suppression des filières (classique, moderne) au collège même, mis à part les sections d'éducation spécialisée et les classes préprofessionnelles de niveau, ont été décidées pour que l'orientation ne soit pas une sélection injuste. Mais est-on parvenu à éviter le caractère de reproduction sociale qui se masque sous les processus d'orientation ? Malheureusement non.

Actuellement, les décisions des conseils de classe peuvent être mises en appel par les familles. La loi de 1989, les décrets et circulaires qui s'ensuivent, font évoluer le processus d'orientation pour que les choix des élèves soient mieux pris en compte. « L'orientation est le résultat du processus d'élaboration et de réalisation du projet *personnel* de formation et d'insertion sociale et professionnelle que l'élève de collège, puis de lycée, mène en fonction de ses aspirations et de ses capacités. La consultation de l'élève garantit le caractère personnel de son projet. »[1]

1. Art. 1 du décret du 14 juin 1990 « Orientation et affectation des élèves », *Bulletin officiel de l'Éducation nationale,* n° 27, du 5 juillet 1990).

Mais peut-on parvenir, ainsi, à faire régresser l'échec scolaire ? Non, car les familles peu instruites et peu diplômées n'ont pas une connaissance suffisante des rouages et des étapes du système scolaire. Elles font trop confiance – peut-on dire – au conseil de classe et au chef d'établissement qui, en dernier ressort, détient la décision (Duru-Bellat et Mingat, 1988).

Très peu de parents des catégories sociales défavorisées (chômeurs, ouvriers sans qualification) font appel des décisions prises auprès de l'Inspecteur d'Académie. *A contrario*, les fils et filles d'enseignants bénéficient incontestablement de la connaissance du système éducatif que détiennent leurs parents.

Par ailleurs, la consultation de l'élève, qui réclamerait un suivi totalement individualisé et personnalisé, est-elle réellement faite ? Sauf dans les cas, malheureusement rares, où un dispositif de tutorat a été mis en place, il n'en est rien. Le professeur principal d'une classe de trente élèves ne peut assurer ce conseil permament, et les interventions, en relation duelle, des conseillers d'orientation psychologues sont beaucoup trop rares, étant donné le faible nombre de cette catégorie de personnel et leur surcharge de travail.

C'est au collège et en seconde de lycée que se situent les moments cruciaux de l'orientation (fin de cinquième, en troisième, fin de seconde). Voici une raison supplémentaire pour réaffirmer que l'échec scolaire devient visible, patent, conscient chez l'élève au collège.

En fait, c'est à ce stade de la scolarité que l'avenir scolaire et social de l'élève se joue, en une période où le phénomène de la préadolescence et de l'adolescence accapare la vie des élèves. Ces derniers sont en proie, alternativement, à des phases d'ambition parfois démesurée, à des moments de doute sur eux-mêmes et sur leurs possibilités d'avenir. Ces oscillations affectent leurs choix d'orientation et leur travail scolaire. Peut-on sérieusement exiger des adolescents, à ce stade de leur développement, un projet construit d'orientation? Pour toutes ces raisons, la consultation personnelle de l'élève, les séances d'éducation au choix ou à l'orientation sont illusoires, ou, à tout le moins, par trop discontinues.

2. L'orientation en SES, SEGPA, GCA[1] offre un exemple de renforcement des inégalités sociales par l'orientation scolaire. Théoriquement, ces sections scolarisent des préadolescents et des adolescents classés « déficients légers », selon des tests psychologiques et leur QI. En 1994-1995, ce sont 106 053 élèves qui fréquentent ces sections, dans l'enseignement public. Sont-ils vraiment « déficients légers » ? On peut en douter si, une fois encore, on analyse les composantes sociodémographiques de ces élèves. Ne seraient-ils pas, d'abord, des fils et des filles de milieux sociaux défavorisés et simultanément de familles nombreuses ?

La probabilité d'orientation en SES varie fortement selon la dimension de la famille et, surtout, selon le milieu social d'origine (CSP/ouvriers non qualifiés, ou inactifs). A performances scolaires égales à l'entrée en sixième, l'orientation vers l'enseignement spécial a toujours été et reste très discriminante socialement (Caille et Vallet, 1996).

Par contre, il faut mettre un terme à la critique qui prévalait jusqu'à ce jour en ce qui concerne l'orientation des enfants étrangers en SES, parce que les enfants de nationalité étrangère sont surreprésentés dans ces sections (ils composent 15,3 % de ces classes alors que la population scolaire étrangère représente dans le second

1. SES : section d'enseignement spécialisé, rattachée à un collège et qui devient, depuis la loi de 1989, après deux années de formation générale, SEGPA : section d'enseignement général et professionnel adapté. GCA : groupes de classes atelier.

degré seulement 6,7 % de la population totale). On a cru longtemps qu'il y avait là une discrimination négative dans leur orientation. En réalité et à y regarder de plus près, ils sont, comme leurs camarades français, plutôt victimes de leur appartenance à un groupe social très défavorisé, situation plus fréquente dans les familles étrangères que dans les familles françaises.

Qu'il s'agisse d'élèves français ou d'élèves venant de pays étrangers, la question reste de savoir si la procédure même d'orientation ou l'ensemble des conditions et des résultats antérieurs à la décision d'orientation doivent être mises en cause.

Autrement dit, les procédures d'orientation reprennent, renforcent les inégalités sociales qui se masquent derrière l'échec scolaire ou que celui-ci révèle. L'orientation ne corrige ni les inégalités ni l'échec scolaire. On fait fausse route en croyant qu'un renforcement des dispositifs d'orientation accroîtrait les chances de réussite scolaire (v. commission Fauroux, 1996). Ce qui peut être tenté, c'est de ne pas renforcer, par des procédures d'orientation trop prématurées (avant la fin de la quatrième) ou trop peu réfléchies (l'automaticité du redoublement « pur » et simple) les facteurs bien connus de l'échec scolaire.

Même si l'orientation se joue essentiellement au collège, l'essentiel de l'échec scolaire est généré à l'école élémentaire. Or, à ce degré d'enseignement, l'orientation scolaire est décidée par les maîtres, quasi seuls. En théorie, les enseignants doivent prendre leurs décisions en conseil de cycle puis en conseil des maîtres, informer dûment les parents, recueillir l'avis du réseau d'aide spécialisée, qui comprend un psychologue scolaire. En réalité, comme les cycles fonctionnent peu ou mal, la décision est souvent prise par l'enseignant titulaire de la classe et non pas, comme au collège, par un conseil et par un chef d'établissement. Une proposition écrite est adressée aux parents, qui peuvent contester la proposition dans un délai de quinze jours. Passé ce délai, on considère que la proposition est acceptée ; elle devient décision[1]. Quant à l'orientation en CLIS[2] ou directement en SES lorsque les enfants stagnent, à douze ans, au CE2 ou au CM1, elle est décidée par des commissions de circonscription *ad hoc* (les CCPE et CCFS) et se fait dans des conditions meilleures que les décisions d'allongement d'un cycle (litote nouvelle pour désigner les redoublements).

Autrement dit, les processus d'orientation au premier degré et au second degré sont totalement différents. De plus, les psychologues scolaires de l'école élémentaire qui sont des instituteurs ou des professeurs des écoles spécialisés n'ont, ni les mêmes diplômes, ni les mêmes fonctions que les COP[3] du second degré. Alors que l'entrée au collège est un moment capital dans le cursus d'un élève, que le fossé est encore très grand, malgré les efforts entrepris dans certains établissements, entre l'école élémentaire et le premier cycle du second degré, aucune harmonisation des procédures et des agents de l'orientation du premier et du second degré n'est mise en place.

Les réseaux d'aide spécialisée du premier degré, qui plus est, sont souvent incomplets et ne fonctionnent pas réellement en équipe avec les enseignants d'une école, lesquels, eux aussi, forment rarement une équipe pédagogique, nonobstant les textes officiels.

Bref, les procédures d'orientation à l'école élémentaire laissent encore beaucoup à désirer.

3. Une autre face de l'orientation est la crainte, pour les élèves, d'être « orientés » en lycée professionnel ou,

1. Cf. art. 4 du décret du 6 septembre 1990 sur l'organisation et le fonctionnement des écoles maternelles et élémentaires.

2. CLIS : Classe d'intégration scolaire spécialisée. CCPE : Commission de circonscription préélémentaire et élémentaire.

3. COP : Conseiller d'orientation psychologue.

dès le collège, en quatrième technologique ou en quatrième préparatoire, prélude à la préparation d'un CAP. L'enseignement professionnel, et même l'enseignement technique, lequel peut déboucher, pourtant, sur des BTS[1] intéressants, sont mal aimés de l'opinion française, peu informée des nombreux progrès accomplis dans les lycées professionnels depuis leur création en 1985. L'image des anciens collèges d'enseignement technique, peuplés d'élèves en difficulté, reste prégnante. Aucune réforme n'a réussi, à ce jour, à corriger cette image.

« Certains lycéens l'affirment avec véhémence : ils ont fait le choix du lycée (d'enseignement général), contre celui du BEP... » ; Yasmina déclare : « On nous a toujours donné l'idée du BEP d'infériorité. Au collège, c'était "Tu es nulle... tu iras en BEP". »[2]

« Être orienté », c'est, pour un élève de collège, aller au lycée professionnel, en BEP ! « Continuer » (verbe employé de manière intransitive par les élèves comme terme opposé à « être orienté »), c'est aller au lycée d'enseignement général, si possible en évitant la première Sciences et technologies tertiaires (STT), section trop proche du technique et du professionnel, qui garde l'image de mépris des anciennes sections G.

Ce type de discours doit être pris au sérieux : tant que l'orientation vers les sections techniques ou professionnelles sera aussi déconsidérée par les enseignants de collège ou de lycée d'enseignement général, le processus même d'orientation sera vicié ; l'adéquation des capacités, des aptitudes aux formations conduisant à des professions, à des métiers restera lettre morte. Le chômage accroît encore le désir de « continuer », sans savoir où cela conduit. Pourtant le niveau de diplôme,

1. BTS : Brevet de technicien supérieur.
2. Arlette Cohen, Marie-Anne Hugon, *Nouveaux lycéens, nouveaux pédagogues,* p. 29.

contrairement à ce qui est avancé ici et là, est, aujourd'hui encore un gage important pour trouver un emploi. Les stages en entreprises, surtout ceux qui sont organisés en alternance par les lycées professionnels, commencent à avoir des effets bénéfiques sur l'image que se font collégiens et lycéens de l'enseignement technique et professionnel. Mais nous sommes encore loin de la revalorisation de l'enseignement professionnel tel qu'il a été souhaité par tous les ministres de l'Éducation nationale depuis le plan Langevin-Wallon.

Malgré toutes ces dérives et le lien puissant qui unit l'orientation des élèves aux dysfonctionnements et aux aléas des cursus scolaires, une certaine évolution se produit, qui permet à davantage d'élèves de poursuivre des études jusqu'au baccalauréat.

La rénovation pédagogique des lycées, l'existence d'une classe de seconde devenue véritable transition entre le collège et le lycée, a permis à des élèves d'être mieux orientés et d'obtenir de meilleurs résultats au baccalauréat à la session de 1995. Par ailleurs, le nombre d'élèves entrant en second cycle professionnel augmente chaque année (0,7 % à la rentrée 1995) parce qu'une part croissante d'élèves prépare un baccalauréat professionnel après un BEP ou un CAP en deux ans[1].

Autre signe, encore plus important : le taux de redoublement des élèves redoublant la classe de sixième a baissé entre 1980 et 1989[2].

Certes la hiérarchie de la réussite ou de l'échec n'a pas été transformée : réussissent le mieux, en premier, les enfants des cadres supérieurs et des enseignants, en second, ceux des chefs d'entreprise et des cadres

1. Cf. Note d'information 96-16, DEP, ministère de l'Éducation nationale.
2. Analyse comparative des panels 1980, 1989, DEP, Note d'information 92-11.

moyens, en troisième les fils et filles des artisans et commerçants, en quatrième, cinquième, sixième positions, les enfants des ouvriers qualifiés, des ouvriers non qualifiés, les personnels de service, les inactifs. Mais les écarts se sont réduits eu égard au passage de sixième en cinquième. L'évolution du curcus scolaire selon la PCS du responsable de l'enfant va dans le sens d'un rapprochement : entre 1980 et 1989 la progression est de 6,4 points pour les enfants des inactifs alors qu'elle est de 0,6 points pour les enfants d'enseignants. Les enfants d'ouvriers non qualifiés progressent (78,4 points) et sont presque au niveau des enfants d'ouvriers qualifiés.

Mais, comme pour l'entrée en SES, on ne peut savoir s'il s'agit d'une progression des résultats simplement scolaires (notes, évaluations) ou d'un progrès dû à de meilleures procédures d'orientation.

4. Le rôle des parents dans les procédures d'orientation a de l'importance au collège : les familles peuvent faire appel des décisions prises par le chef d'établissement, qui suit la plupart du temps les conclusions et les propositions faites par le conseil de classe. Auparavant, dès le second trimestre de la cinquième ou de la troisième, les parents ont fait part de leurs intentions, ont pu rencontrer le professeur principal, le conseiller d'orientation si besoin est. Ce sont les demandes d'orientation formulées par les familles qui sont examinées par le conseil de classe. La famille peut toujours préférer un redoublement à une décision qui ne lui convient pas. De plus la réforme actuelle qui consiste à faire de la sixième un cycle à elle seule, puis de regrouper la cinquième et la quatrième en un cycle, devrait permettre de repousser les décisions d'orientation à la fin de la quatrième.

Par contre, au lycée, ce sont les élèves eux-mêmes qui prennent en charge, non sans inquiétude, leur propre orientation. Plus conscients que les collégiens de l'importance de l'école et de leur scolarité pour leur avenir personnel, à la fois satisfaits et angoissés de se trouver au lycée, les fils et filles de familles modestes veulent « s'en sortir » et ne demandent à leurs parents qu'un soutien et un accord lointains. « Dépassés par la situation, peu informés des enjeux de l'orientation, les parents [des familles populaires] sont disqualifiés et n'ont plus leur mot à dire ni sur la façon dont leurs enfants étudient ni sur le choix des filières... "Ils me laissent libres", disent les élèves... Ces élèves se trouvent devant la contradiction suivante : ils ont le sentiment d'être les acteurs de leur scolarité... mais leur liberté consiste à subir les contraintes formelles du lycée et à se soumettre à des choix obligés en matière d'orientation. »[1]

5. N'y a-t-il pas d'autres dispositifs que les procédures d'orientation, que l'intervention des COP pour assurer une aide continue à la progression des élèves et à leur orientation dans le dédale des sections, options, filières ? Dans les quelques lycées et collèges où il a été instauré, le *tutorat* prévient l'échec, encourage à la réussite, ce que ne peuvent faire les procédures d'orientation et les conseils intermittents qui sont actuellement dispensés.

Proposé par L. Legrand en 1983[2] pour aider tous les élèves à réussir en prenant conscience de leurs compétences, de leurs lacunes, de leurs difficultés et ce, de manière continue, le tutorat consiste à confier la « tutelle » d'une dizaine d'élèves à un adulte de la communauté éducative (enseignant, mais aussi conseiller d'éducation, personnel de santé scolaire, etc.).

1. A. Cohen, M.-A. Hugon, *op. cit.*, p. 34.
2. Cf. rapport « Pour un collège démocratique », Documentation française, 1983.

Des réunions de concertation de l'ensemble des tuteurs ont lieu chaque mois, de manière à ce qu'un tuteur isolé ne se trouve pas en charge de problèmes lourds et angoissants trop nombreux.

Le tuteur tient une séance de dialogue – sur les résultats obtenus par les élèves, sur la vie scolaire de l'établissement – avec le groupe entier des élèves, une fois toutes les deux semaines, au moins. Si besoin est, le tuteur organise un entretien avec un élève qui le demande ou sur sa propre initiative. Le tuteur est accompagné d'un de ses collègues pour cet entretien.

Les élèves savent qu'ils ont une personne de référence à laquelle s'adresser, dans leur établissement.

Cette formule a été expérimentée dans la vingtaine de collèges où se sont déroulées les recherches initiées par L. Legrand ; elle continue à être très vivante dans les lycées créés par A. Savary, en 1982, pour accueillir préférentiellement, mais non exclusivement, des élèves ayant subi un échec, ou faisant partie de ceux qui sont appelés « décrocheurs » de l'école par les sociologues.

Le tutorat est l'une des pièces maîtresses et de la prévention de l'échec scolaire et de l'orientation. Les tuteurs reçoivent l'aide, les conseils, de temps à autre, du conseiller d'orientation de leur secteur ; ce dernier trouve dans le tutorat ainsi organisé le relais qui lui fait défaut dans la plupart des établissements. Le lycée expérimental Alain Savary de Saint-Nazaire, le collège-lycée expérimental d'Hérouville-Saint-Clair n'ont pas abandonné le tutorat depuis leur création (1982). Ces protagonistes pensent, à l'expérience, que le tutorat est le meilleur vecteur d'une orientation continue, d'un soutien personnalisé de chaque élève. Ils attribuent à ce dispositif le succès d'une rescolarisation des collégiens et des lycéens qui s'étaient mis eux-mêmes dans une situation d'exclus du système scolaire. Il en est ainsi dans les expériences d'« auto-école » et de

« SAS » au collège, mises en place par Marie-Danielle Pierrelec, à Saint-Denis).

Les séances de dialogue entre tuteurs et groupes restreints d'élèves (toujours les mêmes, sur un cycle, ou sur deux, voire trois années consécutives) n'ont rien à voir avec la « psychologisation » des problèmes qui leur a été reprochée lors de la tentative de réforme des collèges de 1983.

Ce qui se joue dans ce dialogue, c'est le contrat pédagogique, enfin explicité, entre l'élève et l'école. Ce contrat a pour enjeux les progrès de chacun, le sens que l'élève attribue à sa présence à l'école et au savoir qu'elle dispense, la maîtrise des méthodes de travail intellectuel. Loin de s'apparenter à une quelconque « confession » de l'élève (ce qui était l'une des craintes exprimées par des enseignants en 1983) ces échanges personnels entre adultes acceptant leur mission d'éducation, d'orientation et les adolescents conduisent à une réflexion sur les modes d'apprentissage de chaque élève, sur ses propres méthodes de travail, son approche personnelle du savoir. Ce qui est dit lors de ces dialogues ressemble assez aux entretiens postérieurs à des « bilans de savoirs » qui forment le matériau – passionnant – du rapport de recherche de B. Charlot, E. Bautier, R. Kohn, J.-Y. Rochex (février 1992).

La consigne utilisée par ces auteurs est la suivante : « J'ai... ans. J'ai appris des choses chez moi, dans la cité, à l'école, ailleurs. Qu'est-ce qui est important pour moi, dans tout cela ? Et maintenant qu'est-ce que j'attends ? »[1] On peut dire que cette consigne forme la trame des écrits et des dialogues oraux qui se réalisent dans les séances de « tutorat ». C'est aussi au cours de ces séances que les élèves prennent conscience de leurs propres façons d'aborder une lecture, une tâche d'écri-

1. B. Charlot, E. Bautier, J.-Y. Rochex, *op. cit.*, p. 36.

ture, un travail intellectuel. Ces dialogues génèrent une attitude de « métacognition », proche de celle que décrivent les lycéennes et leurs professeurs dans le travail interdisciplinaire que rapportent M.-A. Hugon et A. Cohen[1]. Au nombre des stratégies pédagogiques utilisées par les enseignants associés à cette recherche du CRESAS-INRP se trouve la « métacognition » afin d'amener les élèves à s'interroger sur les processus et les procédures de l'apprentissage : « Comment je m'y prends ? Qu'est-ce qu'on me demande ? Que dois-je faire ? Quels savoirs utiliser ? Qu'est-ce qui m'a empêché de comprendre ? »

Jouent aussi un rôle important, lors de ces séances de tutorat, les interactions entre élèves. Le dialogue en petit groupe, avec un adulte qui le régule, amène les élèves à une confrontation dynamique de leurs idées, de leurs jugements. Les adolescents parviennent ainsi à une véritable entraide. Pour une élève interrogée par M.-A. Hugon, le lycée devrait être un lieu de coopération entre élèves. « Au lycée, on vient pour un travail précis et *pour s'aider mutuellement aussi* ; et le problème, c'est que les jeunes qui rentrent au lycée ne le voient pas vraiment comme ça et que même, il y a des professeurs qui ne le montrent pas comme ça. »

Bref, le tutorat constitue un dispositif d'avenir dans la lutte contre l'échec scolaire. Cette modalité de soutien et d'orientation continue des élèves pourrait avantageusement remplacer l'institution des professeurs principaux qui ne peuvent exercer les fonctions qui leur ont été assignées dans le domaine de l'orientation étant donné le nombre d'élèves par classe et le caractère par trop impersonnel de leur intervention.

Sans remplacer les actuelles procédures d'orientation, le tutorat les compl2terait heureusement et utile-

1. A. Cohen, M.-A. Hugon, in *Nouveaux lycéens, nouveaux pédagogues*, p. 111, 139, 143, 194, 200.

ment, puisqu'il permet de personnaliser vraiment le rapport des élèves à l'école et aux savoirs qu'elle dispense.

Le tutorat se conjuguerait avec la pédagogie différenciée, l'accompagnement scolaire, la politique des zones d'éducation prioritaire pour que, dans chaque collège, dans chaque lycée (d'enseignement général, technique, professionnel) la prévention de l'échec scolaire soit prise en charge par tous les agents de la communauté éducative. Le tutorat est l'une des meilleures façons d'aider les enfants et les adolescents à apprendre leur « métier d'élève ».

« Il y a... des structures scolaires construites pour limiter l'exclusion qui diffèrent les orientations, les rendent réversibles, multiplient les filières intermédiaires, proposent des appuis pédagogiques et psychologiques »[1].

1. P. Perrenoud in *Des idées positives pour l'école de demain*, Éd. Hachette-Éducation, 1995, p. 95.

CONCLUSION

L'échec scolaire a régressé ces dernières années, si l'on observe les multiples informations d'ordre statistique que fournit régulièrement la Direction de l'évaluation et de la prospective (DEP). C. Pair le résume dans une intervention : « L'école va bien [...] c'est ainsi que les sorties sans formation reconnue sont passées de 20 % d'une tranche d'âge en 1981 à 7 % en 1993 ; pour l'accès au niveau baccalauréat, on est passé pendant la même période de 34 % à 63 % d'une tranche d'âge, pour les bacheliers de 27 % à 55 % et parmi eux de 8 % à 21 % pour les bacheliers professionnels... »[1]

Cette évolution, réelle et positive, continue cependant à ne pas compenser la déception qu'éprouvent telle famille, tel élève devant l'incapacité de l'école à réaliser l'ascension sociale. Plus exactement, cette espérance est bornée, limitée par les « probabilités objectives » de promotion attachées à sa catégorie sociale. « L'espérance subjective des chances de réussite qui conduit un sujet à s'exclure se guide sur une estimation des probabilités objectives de sa catégorie, en sorte qu'elle compte au nombre des mécanismes qui contribuent à la réalisation des probabilités objectives. »[2]

Contre cette intériorisation des conditions objectives de l'échec scolaire (sa corrélation inexorable avec la

1. C. Pair, ancien directeur des lycées, ancien recteur, Intervention au colloque « Quelle école pour demain ? », le 26 mars 1995, à Paris.

2. P. Bourdieu et J.-C. Passeron *in* L'examen d'une illusion, *Revue française de sociologie,* numéro spécial 1967-1968 : *Sociologie de l'éducation,* p. 227.

PCS[1]), l'école ne peut grand-chose si elle est seule à affronter ce problème. Le bilan tracé par C. Pair serait-il trop optimiste ? « Oui et non, dit-il lui-même. Non, tout cela repose sur des réalités indiscutables [...] Mais oui, tout de même, ce bilan est trop optimiste car l'École est confrontée à de graves difficultés de fond, dont la solution n'apparaît pas, voire qui sont en train de s'aggraver. Deux essentiellement : celle de l'exclusion, celle de l'emploi. Ces deux difficultés ont un dénominateur commun : le chômage. Elle ont aussi en commun de dépasser l'École. [...] Alors, il n'est pas étonnant que, pour un certain nombre de jeunes, cette évolution conduise à une perte de sens de l'école. »[2]

Même pour les élèves qui ne sont pas en échec, aller à l'École, approcher le savoir, comprendre le monde grâce aux études, n'a plus guère de sens. « Discours sur l'égalité des chances, obligation scolaire [...] mais pourquoi voudriez-vous que je grimpe, que je fasse effort, si je suis installé sur le tapis roulant qui va tout seul ? »[3]

Faire encore régresser l'échec scolaire, sans retomber dans le mythe d'une école qui égaliserait les chances, rien que par son existence, est pourtant chose possible. « L'échec scolaire n'est pas une fatalité ». Redonner le sens de l'école à tous les enfants, au moment de l'entrée en sixième, où l'espoir de « réussir son collège » existe encore, est possible. Cela passe par l'explicitation des objectifs poursuivis au collège, par un accueil toujours mieux organisé, par une vie scolaire marquée par des pratiques civiques fortes. En sixième les élèves, par exemple, sont prêts à prendre au sérieux l'élection de leurs délégués, le rôle qu'ils doi-

1. PCS : Profession, catégorie socioprofessionnelle.
2. C. Pair, colloque « Quelle école pour demain ? », 1995.
3. H. Bouchardeau *in* Du désir d'apprendre, *Revue Lire et savoir,* Éd. Gallimard-Jeunesse, 1996.

vent jouer dans les conseils de classe, au conseil d'administration de l'établissement.

Le nouveau programme d'éducation civique de la classe de sixième mentionne expressément « le sens de l'école », l'étude du règlement intérieur, sa possible rectification, etc. Jusqu'alors toutes ces règles, ainsi que la valeur de l'école restaient implicites, inexpliquées comme si tous les enfants étaient issus de familles de cadres supérieurs ou d'enseignants.

Or c'est à l'école que se dit, ou doit se dire, se construire le sens de l'École. Encore plus que les cours d'éducation civique qui sont indispensables, c'est l'intérêt pour les savoirs dispensés, le goût d'apprendre, l'éveil de la curiosité intellectuelle qui forment les ingrédients du sens de l'école. En une époque où les emplois se font rares, l'utilité sociale et professionnelle de l'école – qui est toujours réelle cependant – ne suffit pas à donner le goût, l'envie, le désir d'apprendre. C'est chaque objet de connaissance, chaque tâche intellectuelle, chaque savoir-faire – lire, écrire, réfléchir, mémoriser, etc. – qui doivent présenter un intérêt intrinsèque, intérêt dit, explicité par l'enseignant. Sortir de l'ineffable, du non-dit, dans chaque discipline scolaire, c'est redonner sens et valeur à l'École.

Toutefois, donner ou redonner le sens des apprentissages scolaires pour éviter l'échec nous fait retrouver le paradoxe initial qui parcourt l'analyse de l'échec scolaire ainsi que la proposition de remèdes et d'une prévention patiente : l'échec est lu, découvert dans ses tenants et aboutissants d'une manière macrosociologique, grâce au croisement de corrélations statistiques interprétées. Il est, de ce point de vue, massif et anonyme. Or les remèdes, la lutte contre l'échec scolaire concernent des individus, des élèves considérés dans leur propre histoire scolaire. C'est pourquoi il est nécessaire, sans abolir la justesse des caractéristiques sociales de l'échec scolaire, de procéder à une approche clinique du phénomène. Chaque enfant, chaque jeune vit l'échec différemment. Parfois l'élève en échec se replie sur lui-même, se crée une sorte de « niche » silencieuse et apathique, pour éviter le rapport au savoir, synonyme pour lui d'humiliation ; parfois ce même élève se révolte contre l'école, contre ses professeurs. Il existe une liaison entre les comportements violents de certains élèves et leur situation d'échec. Quelle que soit la réaction, le « contrat pédagogique » qui, bien que caché, existe entre une personne et l'école, entre un élève et un enseignant, y compris au niveau de l'inconscient, est malmené, écorné, voire détruit[1]. Pour le restaurer, le dialogue entre un adulte-acteur de l'établissement scolaire, qu'il s'agisse d'un enseignant, d'un conseiller d'éducation, d'un directeur d'école, d'un principal, d'un proviseur et cet élève particulier est nécessaire. Or bien souvent ce dialogue n'a pas lieu, faute d'institutions adéquates (lieux d'écoute, tutorat, conseil psychologique et d'orientation). Et l'élève passe alors de la situation d'échec à celle d'auto-exclusion de l'école. L'absentéisme, la violence, la maladie sont des signes cliniques de ce glissement vers l'exclusion de l'univers scolaire.

Toutefois, entre la définition macrosociologique de l'échec scolaire et le processus individuel, restent à explorer les maillons qui peuvent prévenir l'échec : l'établissement scolaire qui a un projet précis quant à l'orientation de ses élèves et aux démarches de soutien aux élèves, peut avoir une réelle politique de lutte contre l'échec scolaire, constituer une pièce importante des décisions nationales concernant le système éducatif. Aussi l'incitation adressée aux chefs d'établissement pour qu'ils conçoivent, avec l'équipe éducative et avec les enseignants, des projets qui comportent l'instauration d'aides personnalisées aux élèves, dans leur rap-

1. Cf. J. Filloux, *Du contrat pédagogique,* Éd. L'Harmattan, 1996.

port au savoir et à leur vie à l'école, devrait-elle être beaucoup plus forte et beaucoup mieux structurée. Encore faut-il que le projet d'établissement ne reste pas un document administratif ou un simple faire-valoir de l'établissement.

Dès l'école maternelle, dès l'école élémentaire le projet d'établissement devrait exister car il permet la cohérence des mesures à prendre pour éviter les risques d'échec, de même que la cohésion des enseignants autour d'objectifs qui ont à voir avec la régression de l'échec, le nombre et le taux de redoublements.

Toutes ces mesures, prises au niveau d'un établissement localisé et situé par rapport au taux d'échec scolaire dans tel département, dans telle académie, en recourant aux informations fournies par la « géographie de l'école », ne suffisent encore pas. Il faut, au dessus de l'établissement et au niveau national, un effort d'information des acteurs du système éducatif, une régulation des dispositifs mis en place. Par exemple, l'institution des cycles à l'école élémentaire n'a pas été suffisamment suivie, soutenue par l'échelon central du système éducatif. L'appel à la recherche pédagogique sur les dysfonctionnements actuels de l'école élémentaire et des cycles n'est pas fait. Or les processus d'institutionnalisation de ce type nécessitent un suivi précis, des redressements et des modifications de la structure qui ne peuvent être réalisés à l'aveugle. La recherche en éducation existe et pourrait fournir des éclairages utiles. Il est nécessaire de la solliciter et de ne pas la mépriser. Nombreuses sont, nous l'avons vu, les recherches sur l'objet « échec scolaire ». Bien moins nombreux sont les travaux sur les remèdes et les correctifs, qu'ils soient structurels, institutionnels ou qu'ils relèvent d'actions précises.

Par ailleurs, au-dessous de l'échelon de l'établissement scolaire, dans la classe, dans la relation pédagogique entre le professeur et les élèves, dans le choix didactique fait par l'enseignant pour transmettre telle ou telle connaissance, pour que chaque élève s'approprie le savoir, se construise « son » savoir, les décisions prises par l'enseignant sont loin d'être sans relation avec l'échec de tel ou tel élève. L'essor des didactiques n'est suffisamment relayé ni par les sciences de l'éducation, restées en dehors de ce champ, ni par les corps intermédiaires de l'inspection. On construit des didactiques (en mathématiques, en physique notamment) sans les rapporter explicitement, sauf cas exceptionnels, à la problématique de l'échec scolaire.

La mise en cohérence entre les aspects individuels de l'échec scolaire, les difficultés que rencontre un élève particulier dans un domaine et la didactique d'une discipline n'est guère réalisée. Cette cohérence est laissée à « l'art » du professeur ; or rien n'est plus porteur d'échec scolaire que de croire en ce soi-disant « art » ineffable. Si l'on ne croise pas une capacité d'enseigner une discipline – capacité didactique – avec la prise de conscience et l'élucidation des paramètres de la relation pédagogique, les aspects personnels, individuels de l'échec scolaire ne peuvent être pris en compte. Or c'est à partir de l'accumulation des échecs individuels et du fait que cette accumulation se structure en système, qu'est généré l'échec scolaire.

Les « bilans de savoir » qui ont permis au sociologue B. Charlot et à son équipe d'analyser les types de rapport au savoir qu'entretiennent et que vivent les élèves de banlieue pourraient avoir une valeur pédagogique et permettre d'une part aux élèves en grande difficulté à l'école de se ressaisir par la prise de conscience de leur histoire personnelle scolaire, d'autre part à leurs enseignants de chercher et de trouver des réponses susceptibles de dépasser l'angoisse de l'échec.

C'est en agissant sur tous les maillons de l'échec scolaire – politique nationale ; établissements scolaires ; relations pédagogiques et didactiques dans la classe –

que l'on peut espérer combattre ce mal social et personnel.

L'enjeu international, notamment européen, que constitue la régression de l'échec scolaire, doit être pris au sérieux. Sans doute, en Europe, allons-nous vers une « société cognitive », une société où le savoir, les connaissances, l'information et la formation donneront les clefs de l'avenir économique et politique. C'est ce qu'avance le livre blanc sur la formation et l'éducation émanant de la Commission européenne.

Ce développement, qu'accompagnent le déploiement et les progrès des Nouvelles technologies de l'information et de la communication (dites NTIC) risque de rendre l'échec scolaire encore plus insupportable et pour les sociétés nationales qui composent l'Europe et pour chaque jeune vivant sur le sol européen.

Le niveau intellectuel et cognitif que suppose l'essor d'une telle société montera encore. L'école, les élèves pourront-ils suivre une telle exigence ? Devant la rapidité de telles transformations, l'échec personnel peut encore s'aggraver, la courbe du chômage s'accroître, la distorsion entre la formation et l'emploi se creuser. Dès lors, le recul de l'échec scolaire ne pourra se faire que sur la durée ; la lutte contre cet échec sera sans cesse à reprendre. Mais pour entreprendre au niveau européen ce combat de longue haleine, les moyens que mettent en œuvre les autorités gouvernementales de chaque pays pour lutter contre l'échec scolaire, améliorer la qualité de l'éducation et et de la formation doivent être connus des uns et des autres, être mis en synergie. L'information sur la situation précise de l'éducation dans chaque État doit circuler entre les responsables politiques et les scientifiques, et ce, au niveau européen.

Les concertations organisées par le Conseil de l'Europe pour les directeurs d'instituts de recherche en éducation, qui sont si nécessaires, quoiqu'en nombre insuffisant, restent par trop déconnectées des réunions des ministres de l'Éducation, lesquels font valoir les efforts et les succès de leur propre système éducatif plutôt que de s'inspirer des mesures prises par leurs collègues pour lutter contre l'échec scolaire.

L'échec scolaire n'est pas une fatalité pour l'Europe à condition que les responsables des systèmes éducatifs coopèrent, échangent des informations.

C'est donc simultanément au niveau supranational, au niveau de chaque système éducatif national, dans chaque ville, dans chaque établissement scolaire, dans la classe, par les acteurs sociaux que sont les enseignants, les membres des équipes éducatives que doit s'opérer la mobilisation des ressources pour analyser l'échec scolaire et surtout pour imaginer dispositifs et actions capables de le faire reculer. Il devient courant d'affirmer que l'école est une question de société, qu'elle ne peut correctement poser à elle seule. Il en va de même pour l'échec scolaire. Mais loin de croire au débat d'opinion, les politiques pourraient prendre appui sur les connaissances concernant l'échec scolaire capitalisées depuis vingt ans par les sociologues, les chercheurs en sciences de l'éducation. Pour sortir de l'engrenage de la fatalité, il faut analyser et toujours mieux connaître les aspects collectifs et individuels de l'échec scolaire, mettre en synergie conclusions des recherches et décisions politiques. C'est à ce prix que reprendra le cheminement d'une véritable démocratisation de l'école qu'entrave, aujourd'hui, l'échec scolaire.

BIBLIOGRAPHIE

I. — OUVRAGES

Auduc J.-L., *Le système éducatif*, Hachette-Éducation, 1994.
Avanzini G., *L'échec scolaire*, Le Centurion, 1977.
Bourdieu P. et Passeron J.-C., *La reproduction*, Éd. de Minuit, 1970.
Bourgarel A., *Travailler en ZEP*, Hachette-Éducation, 1991.
Charlot B., Bautier E., Rochex J.-Y., *École et savoir dans les banlieues... et ailleurs*, A. Colin, 1992.
Cohen A. et Hugon M.-A., *Nouveaux lycéens, nouveaux pédagogues*, L'Harmattan-INRP, 1995.
Crahay M., *Peut-on lutter contre l'échec scolaire ?*, De Boeck-Université, 1996.
CRESAS, *L'échec scolaire n'est pas une fatalité*, ESF, 1981.
Derouet J.-L., *École et Justice*, Métailié, 1992.
Filloux J., *Du contrat pédagogique*, L'Harmattan, 1996.
Isambert-Jamati V., *Les savoirs scolaires*, Éd. Universitaires, 1990.
Lahire B., *Culture écrite et inégalités scolaires*, PUL, 1993.
Legrand L., *Les différenciations de la pédagogie*, PUF, 1995, coll. « Pédagogues, Pédagogies ».
Legrand L., *Pour un collège démocratique*, La Documentation française, 1983.
Meirieu Ph., *L'envers du tableau : quelle pédagogie pour quelle école*, ESF, 1993.
Prost A., *L'enseignement s'est-il démocratisé ?*, PUF, 1986.
Prost A., *Les lycéens et leurs études*, CNDP, 1983.
Vallet L.-A. et Caille J.-P., *Les élèves étrangers ou issus de l'immigration dans l'école et le collège français*, Les dossiers d'éducation et formations, 67, DEP, 1996.

II. — ACTES DE COLLOQUE, RECUEILS D'ARTICLES

L'échec scolaire, coord. É. Plaisance, Éd. CNRS, 1985.
Échec et réussite scolaires, de nouvelles questions, coord. J.-P. Tauvel, *Migrants-Formation*, n° 104, CNDP, 1996.
École et réussite, coord. Groupe permanent de lutte contre l'illettrisme, La Documentation française, 1992.
L'échec scolaire, doué ou non doué ? coord. GFEN, Éditions Sociales, 1974.
Du désir d'apprendre, coord. S. Bonnet, *Revue lire et savoir*, n° 4, 1996.
Des idées positives pour l'école de demain, actes du Colloque du cinquantenaire des cahiers pédagogiques, Hachette-Éducation, 1995.
Sociologie de l'éducation, coord. P. Bourdieu et V. Isambert-Jamati,

Revue française de sociologie, numéro spécial, vol. VIII et IX, CNRS, 1967-1968.
Les élèves en difficulté au collège, coord. P. Verdier, *Éducation-Formations,* numéro spécial, 36, 1993, DEP.

III. — ARTICLES DE REVUES

Bressoux P., Note de synthèse : Les recherches sur les effets-écoles et les effets-maîtres, *Revue française de pédagogie*, n° 108, 1994.
Chambon A. et Proux M., Zones d'éducation prioritaire : un changement social, *Revue française de pédagogie,* n° 83, 1988.
Cousin O., Construction et évaluation de l'effet-établissement : le travail des collèges, *Revue française de pédagogie,* n° 115, 1996.
Derouet J.-L., Désaccords et arrangements dans les collèges (1981-1986), *Revue française de pédagogie,* n° 83, 1988.
Dubet F., Cousin O., Guillemet Ph., Sociologie de l'expérience lycéenne, *Revue française de pédagogie,* n° 94, 1991.
Duru-Bellat M., Note de synthèse : Filles et garçons à l'école, approches sociologiques et psychosociales, *Revue française de pédagogie,* n° 109, 1994.
Felouzis G., Conceptions de la réussite et de la socialisation scolaires, *Revue française de pédagogie,* n° 105, 1993.
Forquin J.-C., Note de synthèse : L'approche sociologique de la réussite et de l'échec scolaires, *Revue française de pédagogie,* n°s 59 et 60, 1982.
Gather-Thurler M., Relations professionnelles et culture des établissements scolaires, *Revue française de pédagogie,* n° 109, 1994.
Glasman D. *et al.*, Le soutien scolaire hors école, *Revue française de pédagogie*, n° 95, 1991.
Henrio-Van Zanten A., Les ressources du « local ». Innovation éducative et changement social, *Revue française de pédagogie,* n° 83, 1988.
Mingat A., Expliquer la variété des acquisitions au cours préparatoire, les rôles de l'enfant, la famille et l'école, *Revue française de pédagogie,* n° 95, 1991.
Payet J.-P., L'école à l'épreuve de la réparation sociale : la relation professionnels/public dans les établissements scolaires de banlieue, *Revue française de pédagogie,* n° 109, 1994.
Seibel C. et Levasseur J., Les apprentissages instrumentaux et le passage du cours préparatoire au cours élémentaire, *Éducation et formations,* n° 2, 1983.
Sirota R., Note de synthèse : le métier d'élève, *Revue française de pédagogie,* n° 104, 1993.
Notes d'information produites par la DEP, n°s 92-11 ; 91-34 ; 93-36 ; 95-01 ; 96-06 ; 95-25 ; 95-52 ; 95-33 ; 96-29 ; 96-28 ; 95-32 ; 92-48 ; 95-51 ; 96-16 ; 96-06.

TABLE DES MATIÈRES

Imprimé en France
Imprimerie des Presses Universitaires de France
73, avenue Ronsard, 41100 Vendôme
Juin 1997 — N° 43 709